内部控制基础
理论研究

郑石桥◎著

中国国际广播出版社

图书在版编目（CIP）数据

内部控制基础理论研究 / 郑石桥著 .—北京：中
国国际广播出版社，2018.6
ISBN 978－7－5078－4329－3

Ⅰ.①内… Ⅱ.①郑… Ⅲ.①企业内部管理—研究
Ⅳ.① F272.3

中国版本图书馆 CIP 数据核字（2018）第 146816 号

内部控制基础理论研究

作　者	郑石桥
责任编辑	张娟平
装帧设计	人文在线
责任校对	有　森

出版发行	中国国际广播出版社 ［010-83139469　010-83139489（传真）］
社　址	北京市西城区天宁寺前街 2 号北院 A 座一层
	邮编：100055
网　址	www.chirp.com.cn
经　销	新华书店
印　刷	北京市金星印务有限公司

开　本	710×1000　1/16
字　数	171 千字
印　张	14.75
版　次	2018 年 9 月　北京第一版
印　次	2018 年 9 月　第 1 次印刷
定　价	56.00 元

前　言

　　内部控制的历史源远流长，但人们对内部控制的研究却是近几十年来的事情，也正是由于这一点，人们对内部控制的认知有着较大的差异。本书的定位是阐释内部控制的一些基础性问题，为人们正确地理解和运用内部控制提供理论基础，这些基础性问题及相关的内容安排如表 1 所示。

表 1　内部控制的基础性问题及本书相应的章节

内部控制的基础性问题		本书相应的章节
什么是内部控制？		1. 内部控制本质：理论框架和例证分析
为什么需要内部控制？		2. 内部控制需求：理论框架和例证分析
内部控制究竟控制什么？		3. 内部控制内容：理论框架和例证分析
内部控制希望的结果是什么？		4. 内部控制目标：理论框架和例证分析
内部控制究竟是谁来控制？		5. 内部控制主体：理论框架和例证分析
内部控制究竟是控制谁？		6. 内部控制客体：理论框架和例证分析
内部控制的方法论是什么？	内部控制有哪些假定？	7. 内部控制假设：理论框架和例证分析
	内部控制有哪些通用原则？	8. 内部控制通用原则：理论框架和例证分析
	内部控制有哪些要素？	9. 内部控制要素：理论框架和例证分析
	如何理解风险评估要素？	10. 风险评估：理论框架和例证分析
	如何理解控制环境要素？	11. 控制环境：理论框架和例证分析

内部控制的基础性问题	本书相应的章节
如何理解控制活动要素？	12. 控制活动：理论框架和例证分析
如何理解信息与沟通要素？	13. 信息与沟通：理论框架和例证分析
如何理解内部监视要素？	14. 内部监视：理论框架和例证分析

本书的目的是通过对表1中各内部控制基础性问题的阐释，为深入的内部控制奠定一个初步的理论基础，为内部控制制度的建构奠定一个初步的概念结构。本书的研究具有较大的探索性，也是作者探索内部控制基础理论的阶段性成果，书中不当之处，敬请读者指正。

郑石桥

2017. 12. 23

目 录

1. 内部控制本质：理论框架和例证分析

【内容摘要】从本质上来说，内部控制是组织内部建立和实施的风险应对机制。内部控制的控制内容就是风险。内部控制的控制主体来源于组织内部。内部控制的控制方法是建立和实施风险应对机制。内部控制作为组织内部建立和实施的风险应对机制，能贯通到内部控制的所有基本问题。内部控制不一定是管理职能，各项管理职能中都有风险防范的要求，并不只是控制职能才防范风险。内部控制是管理体系的组成部分，定位于风险防范，内部控制要融于管理体系之中。内部控制与风险管理在本质上是一致的，风险管理是内部控制在风险社会的称呼。

一、引言

　　理论是制度建构的基础，没有科学的理论为基础，科学的制度就难以形成。内部控制制度建构同样依赖于内部控制理论。在内部控制的诸多理论问题中，内部控制本质是最重要的问题之一。虽然内部控制作为一种人类活动已经有悠久的历史，作为一个学术问题也有几十年的历史了，然而，对于内部控制本质之认识仍然存在不少的分歧，主要的观点有过程论、管理活动论、控制职能论、经济控制系统论、免疫系统论、防范与保护论、新制度经济学视角的内部控制观。本章从方法论上进行改进，以辩证唯物主义认识论为基础，从内部控制现象中抽象出内部控制本质，并且将内部控制本质贯通到内部控制的其他基本问题，力争提出一个具有广泛适应性的内部控制本质之观点。

内容安排如下：首先是一个简要的文献综述，梳理内部控制本质的相关文献；在此基础上，提出一个关于内部控制本质的理论框架，并将关于内部控制本质的认识贯通到内部控制其他各基本问题；然后用这个理论框架来分析权威机构关于内部控制的定义，以一定程度上验证本文提出的理论框架之解释力；最后是结论和启示。

二、文献综述

关于内部控制本质，主流观点是 COSO 报告（1992）对内部控制的定义："内部控制是由主体的各层次实施旨在为实现其主要目标提供合理保证的过程。"本章称之为过程论，有不少的文献支持过程论这种观点（COSO 报告，2013，2016；REM 框架，2004，2017；日本企业会计审议会，2007；樊行健，刘光忠，2011）。

除了过程论外，关于内部控制本质还有其他一些观点，主要有管理活动论、控制职能论、经济控制系统论、免疫系统论、防范与保护论、新制度经济学视角的内部控制观等，这些观点从不同的视角来认知内部控制的本质。管理活动论认为，内部控制是管理体系的组成部分，是管理层和员工实现控制目标而发生的一项管理活动（郑石桥，徐国强，2009；樊行健，肖光红，2014）。控制职能论认为内部控制的本质是管理职能中的控制职能（何九妹，2010；白华，郑晓晓，2011；白华，2012）。经济控制系统论认为内部控制是一种经济控制系统或者一项经济机制或制度（丁友刚，胡兴国，2007；戴文涛，2010；李桦，周曙光，2011）。免疫系统论认为内部控制是组织内部的免疫系统化（杨兴龙，孙芳城，陈丽蓉，2013）。防范与保护论认为，内部控制是个人、组织、社会各层面，运用识别、评估、计量、转化、抗御等专门方法，正确防范并遏制"非我与损我"，主动保护并促进"自我与益我"的系统化制度（杨雄胜，2011）。新制度经济学视角的内部控制观的共同特点是以新制度经济学为理论基础来研究内部控制本质，又有多种不同的观点，观点之一：内部控制的本质就是为了在降低交易费用的同时弥补契约不完备性而存在于组织内部的一个控制机制（刘明辉，张宜霞，2002）；观点之二：弥补契约组合的不完备性，实现组织内部的均衡和有效运作，应当是系统和整体效率视角内部控制的真正本质（张宜霞，2007）；观点之三：内部控制的本质表现为组织体系中各相关的平等利益主体之间的相互制衡和各科层权力主体依上而下的监督（谢志华，2009）；观点之四：内部控制制度安排的核心是对组织公共领域产权的配置（杜海霞，2012）。

上述观点从不同的视角认知内部控制之本质，丰富了人们对内部控制的认知。然而，各种观点都存在改进的潜力。过程论忽视了控制内容；管理活动论过于宽泛，并未说清楚内部控制与其他管理活动的区别；控制职能论缩小了内部控制的范围，事实上，管理的每个职能中都有风险防范；经济控制系统论过于抽象，谁来控制、控制什么、怎么控制都没有涉及；免疫系统论是对内部控制功能的一种比喻，并未说清楚内部控制的本质，例如，有观点认为，审计是免疫系统（刘家义，2009），内部控制与审计都是免疫系统，二者有何区别？防范与保护论难以区分内部控制与管理体系之间的关系；而各种新制度经济学视角的内部控制观都忽视了物的因素可能带来的风险。本章以上述观点为基础，基于内部控制现象来抽象内部控制本质，同时，将内部控制本质之认知贯通到内部控制各基本问题。

三、理论框架

本章的目的是探究内部控制本质，采用辩证唯物主义的方法论，根据这种方法论，需要基于内部控制活动或现象来抽象出内部控制之本质。

内部控制作为一种人类活动已经有悠久的历史，有人认为，内部控制活动可以追溯公元前4000年左右人类社会带有本能意义的内部牵制（张砚，2005）；也有人认为，内部控制活动最早可追溯到公元前3000年左右的美索不达米亚文化时期（张宜霞，2008）。在人类历史的长河中，内部控制得到了长足的发展，就微观组织来说，门、锁、印信、密码、条形码、保险柜、围墙、监视器、科层控制、不相容职能分工、激励机制、举报信箱、公开透明机制、道德教育等都属于微观层面的内部控制；就国家层面来说，国家结构形式、多党制衡、三权制衡、选举制度、国家预算制度、官员财产登记、边界线（例如，万里长城）、海关、边境检查等都属于国家层面的内部控制。时至今日，人类的内部控制活动已经非常丰富，有保障业务经营活动合规合法方面而实施的控制活动，有保障财务信息及业务信息真实完整而实施的控制活动，有保障财产安全而实施的控制活动，有保障人身安全而实施的控制活动，有防范经营风险而实施的控制活动，也有防范战略风险而实施的控制活动。

上述各种控制活动在人们面前展现了一个缤纷多彩的内部控制画卷，在这个画卷中，内部控制现象多姿多彩。基于不同的内部控制现象，可能形成对内部控制本质的不同认知。本质是现象的本质，根据不同的内部控制现象，可能得出不同的内部控制本质，根据一些局部的内部控制现象，可能概括出适用于本局部现象的内部控制本质。根据辩证唯物主义的方法论，要探究内部控制一般的本质，必须基于全部内部控制现象来概括其本质，这种本质是内部控制的共性本质，而不是个性本质。

那么，基于人类历史长河至今的内部控制现象，内部控制的共性本质是什么呢？本章认为，在人类历史长河至今的内部控制现象，有一个共性属性，就是抑制对本组织有负面影响的事项之发生，如果将这种负面事项称为风险，则从本质上来说，内部控制是组织内部建立和实施的风险应对机制。无论何种内部控制现象，都离不开这种属性，尽管其作用方式或路径有差异，但是，最终目的都是抑制对本组织有负面影响的事项之发生，这可以作为内部控制的共性本质。这个简要的内部控制本质回答了内部控制的三个基本问题：第一，控制什么——风险；第二，谁来控制——组织内部来实施；第三，怎么控制——风险应对机制。

下面，我们对上述三个方面做进一步的阐述，并且，将内部控制本质贯通到内部控制其他基本问题，并分析内部控制与相关问题的关系，以深化对内部控制本质的理解。

（一）控制什么

内部控制控制什么呢？也就是说，内部控制的控制内容是什么呢？基于内部控制是组织内部建立和实施的风险应对机制这个本质认识，内部控制的控制内容就是风险。问题的关键是，什么是风险？对于风险有多种理解，一种观点以组织目标为基础来认知风险，认为风险是在一定环境下和一定限期内客观存在的、影响组织目标实现的各种不确定性事项，或者说，风险就是指在一个特定的时间内和一定的环境条件下，人们所期望的目标与实际结果之间的差异程度。这种风险观强调组织目标，可以从影响组织实现的因素这个视角来认知风险，也可以从组织目标实现的偏差这个视角来认知风险，前者关注的是原因，后者关注的是结果。

另一种观点以组织影响为基础来认知风险，认为风险是组织遭受损失、伤害、不利或毁灭的可能性，或者说，风险就是发生不幸事件的或是指一个事件产生组织所不希望的后果的可能性，通俗地说，风险就是对组织产生负面影响的不确定性事项。这种风险观并不强调不确定性事项对组织目标的影响，而是强调不确定性事项对组织的影响方向，凡是负面影响的，就是风险。换言之，在这种观点下，即使不确定性事项对组织目标没有影响，只要对组织带来负面影响，该不确定性事项也是风险。这种观点似乎对风险的界定更为广泛。然而，这只是表现现象，事实上，组织目标应该是一个分层级的体系，除了一般意义上的战略目标和业务营运目标外，组织还可以有其他许多的目标，例如，保障财产和人身安全、保障信息真实完整、保障履行社会责任、保障各种行为合规又合法、保障组织持续健康，等等，如果组织目标得到完整地表述，则凡是对组织带来负面影响的不确定性事项也一定会影响到组织的某些目标。所以，总体来说，以组织目标为基础来认知风险和以组织影响为基础来认知风险，并不存在实质上的差异。当然，如果内部控制也可以仅仅关注影响某些组织目标的不确定性事项，则这种情形下的风险是特定的风险，并不是全部风险。

人类历史长河至今的内部控制现象，主要是以组织影响为基础来认知风险的，本章后续内容中也采用这种观点。根据这种风险，对组织有影响的不确定性事项大致可以分为三类：积极事项、消极事项、机会事项。积极事项对本组织只有有利影响；消极事项对本组织只有不利影响；机会事项对本组织的影响方向不确定，可能是正面影响，也可能是负面影响。风险就是包括消极事项和机会事项。

COSO 报告是以组织目标为基础来认知风险，这并不表明以组织影响为基础来认知风险存在什么缺陷，只是表明，COSO 报告关注的风险是特定风险，并不是全部风险。例如，COSO 报告的内部控制目标中并没有财产安全，但是，谁也不能否定，在内部控制的历史发展中，保护财产安全曾经是重要的内部控制目标，所以，需要将对财产安全带来负面影响的不确定性事项作为风险来防范。

（二）谁来控制

内部控制是谁来控制呢？也就是说，内部控制的控制主体是什么呢？基于内部控制是组织内部建立和实施的风险应对机制这个本质认识，内部控制的控制主体来源于组织内部。COSO 报告（1992）指出，内部控制是由主体的各层次实施旨在为实现其主要目标提供合理保证的过程。我国的《企业内部控制基本规范》指出，内部控制是指由企业董事会、管理层和全体员工共同实施的、旨在合理保证实现企业基本目标的一个过程。我国的《行政事业单位内部控制规范（试行）》指出，内部控制是指单位为实现控制目标，通过制定制度、实施措施和执行程序，对经济活动的风险进行防范和管控。这些内部控制权威规范尽管对控制主体的表述不同，但是，这些控制主体都源于组织内部。对于每个组织来说，从最高管理者到最基层的每个员工，都有责任抑制对本组织有负面影响之不确定性事项的发生，所以，都是风险控制的主体。也正是每个员工都是内部控制主体，而这些员工都属于组织内部，所以，由这些主体实施的风险控制才叫内部控制，这里的内部就是控制主体来源于组织内部。

既然如此，难道还有组织外部的主体帮助本组织来控制影响本组织的风险吗？确定是存在的，在本组织外部，有不少机构或个人会帮助本组织控制对本组织有负面影响的风险事件。例如，（1）一些政府机构、行业组织和智库及时发表一些信息，这些信息或许有助于某些组织防范其业务营运或战略风险；（2）司法机关惩处各种犯罪行为、公安机关维护社会治安、纪检监察机关惩治腐败、行业规制部门惩处不正当竞争行为，都会一定程度上降低各个组织面临的风险；（3）消防机构、安全监管机构履行其职责，都会有利于各个组织控制消防和安全风险；（4）金融保险机构为投保人提供商业保险，如果某组织购买了某种商业保险，则相应的风险损失就可以得到保障；（5）社会媒体、舆论监督及一些社会组织的活动，也会有助于某些组织防范风险；（6）社会文化价值观的有利变化，对每个人的风险行为都有抑制作用，从而会降低每个组织防范面临的某些风险。

所以，对于特定的组织来说，风险应对的力量有两个来源，一是组织内部，二是组织外部，前者的风险应对称为内部控制，后者的风险应对可以称为外部控制。对于该特定组织来说，外部控制并不是本组织建立和实施的，而内部控制则需要本组织自己来建立和实施。

（三）怎么控制

确定了控制内容和控制主体之后，内部控制是怎么控制的呢？也就是说，内部控制的控制方法是什么呢？或者是说，内部控制是如何抑制风险的呢？基于内部控制是组织内部建立和实施的风险应对机制这个本质认识，内部控制的控制方法是建立和实施风险应对机制。这里有两组关键词，一是"风险应对机制"，二是"建立和实施"。我们分别来阐释。

先来看"风险应对机制"。任何事物都由不同的部分组成，并且，不同部分组成的整体都具有某种功能，机制是以一定的方式把事物的各个部分联系起来，使它们协调运行而发挥作用。所以，机制涉及事物的构造、功能及其相互关系，机制有三个重点，一是功能，二是组成要素，三是协调各组成要素以发挥整体功能。风险应对机制也是如此，其功能是防范风险，也就是抑制对本组织有负面影响的不确定性事项之发生或减轻其负面影响；其组成要素也就是内部控制要素，包括寻找风险和应对风险两类要件，也包括使得上述两类要件能持续有效的要素，寻找风险主要体现为风险评估，应对风险有控制环境、控制活动，而信息与沟通为各类控制要素提供信息及其沟通的平台，内部监视则是保障内部控制持续有效的必要要素，上述这些组成要素解决了如何控制的问题——控制是一个寻找风险和应对风险的过程，而这个风险应对机制要有效运行，还需要控制原则和控制假设，它们是控制要素建立和实施的要求或前提。风险应对机制包括多个要素，各个要素之间的协调配合是这个机制发挥功能的前提，如果各要素之间不能良好地协调配合，则风险应对机制的整体功能也会难以发挥。通过风险应对机制的构成要素可以看出，内部控制作为一个风险应对机制，其实质也就是一个风险识别和应对的过程。

再来看"建立和实施"。首先，风险应对机制必然要体现为一些制度文本，对风险应对机制各要素做出设计，可以是单独的制度文本，也可以融入管理体系之中，并且，后者是主要情形，这些内容可以称为内部控制设计；其次，风险应对机制相关的制度文本，还需要组织内部相关的人员来执行，如果有制度不执行，则这些制度当然无法发挥应对风险的作用，这些内容，可以称为内部控制执行。并且，从某种意义来说，内部控制执行比内部控制设计更加重要。所以，从本质上来说，内部控制必须做到知行合一，制度执行比制度设计更加重要，对内部控制的理解不能只是停留在内部控制设计。同时，内部控制的"建立和实施"还有一层意思，这就是持续有效，风险应对机制不能有时能发挥作用，有时不发挥作用，这种机制就不能有效地应对风险，因此，风险应对机制必须是持续有效的。怎么能做到持续有效呢？主要的路径是内部监视，包括由内部控制当事人实施的内部控制自我监视和组织内部的内部审计机构这类独立机构实施的内部控制独立评估，通过内部监视，及时地发现内部控制缺陷，并推动整改，保障内部控制持续有效，进而持续有效地发挥其防范风险的作用。

（四）内部控制本质与内部控制其他基本问题的贯通

本章前面的文献综述指出，关于内部控制本质有多种观点。有些观点是就内部控制本质谈内部控制本质，其关于内部控制本质的观点无法贯通到内部控制的其他基本问题，这种内部控制本质的认知显然有片面性。例如，文献综述中提到，有一种观点认为，内部控制的本质就是为了在降低交易费用的同时弥补契约不完备性而存在于组织内部的一个控制机制。基于这种内部控制本质，无法解释一个小杂货铺为防范外部人士的偷窃行为而采取的防范措施。那么，"内部控制是组织内部建立和实施的风险应对机制"这种对内部控制本质的观点能否贯通到内部控制的其他基本问题呢？下面，我们来分析这个问题。

内部控制基本问题是建立和实施内部控制必须解决的一些关键问题，一般认为，下列 14 个问题是基本问题：内部控制本质，内部控制需求，内部控制目标，内部控制主体，内部控制客体，控制内容，内部控制假定，内部控制原则，内部控制要素，风险评估，控制环境，控制活动，信息与沟通，内部监视。下面，我们来分析"内部控制是组织内部建立和实施的风险应对机制"能否贯通到其他 13 个基本问题。

本章前面的分析中，内部控制需求源于风险对本组织带来的负面影响，所以，内部控制需求离不开内部控制本质；内部控制目标是对于特定风险的控制，因此对组织有负面影响的风险很多，内部控制如果只是关注其中的一些特定风险，则对于这些风险的控制就成为内部控制目标，所以，内部控制目标要以内部控制本质为基础；内部控制主体主要涉及谁来控制，内部控制本质中已经表明，是组织内部主体建立和实施的；内部控制客体主要涉及控制谁，一般来说，谁给本组织带来风险，谁就是本组织建立和实施内部控制的控制客体；控制内容主要涉及控制什么，内部控制本质中已经清楚地说明，控制内容是风险，也就是对本组织带来负面影响的不确定性事项；内部控制假定是风险应对的前提条件，而这些前提条件也就是风险应对机制的前提条件；内部控制原则是关于内部控制设计和内部控制执行的普通原则，也属于风险应对机制的普通要求；内部控制要素主要涉及怎么控制，属于风险应对机制的组成部分；风险评估、控制环境、控制活动、信息与沟通和内部监视是内部控制的五要素，共同组成回应怎么控制的问题。所以，总体来说，将内部控制界定为"组织内部建立和实施的风险应对机制"，这种内部控制本质能贯通到内部控制的所有其他基本问题，这种内部控制本质研究不是就本质谈本质，而是基于对内部控制各基本问题考虑的基础上所形成的内部控制本质。从方法论上来说，不是谋局部而得出的局部问题的结论，而是在谋全局的基础上，对局部问题得出的结论。

（五）几个相关问题

研究内部控制本质有几个相关的问题无法回避，一是内部控制与管理职能是什么关系？二是内部控制与管理体系是什么关系？三是内部控制与风险管理是什么关系？

1. 内部控制与管理职能的关系

法约尔认为，管理职能包括计划、组织、指挥、协调、控制这五种。后来，对管理职能出现了不同的观点，但是，各种观点都是对法约尔管理五职能的细化或重新组合，法约尔的五职能是管理职能中最有代表性的观点。那么，内部控制与管理五职能是什么关系呢？本章前面的文献综述提到，控制职能论认为内部控制的本质是管理职能中的控制职能。本章认为，这种观点有失偏颇。理由有两个方面：

第一，内部控制不一定是管理职能。管理职能是管理者行使的职能，内部控制不一定是管理职能，全体员工都要参与内部控制，并不是全体员工都在实施管理职能，例如，单位的门卫是内部控制职工，但是，不一定是行使管理职能。

第二，各项管理职能中都有风险防范的要求，并不只是控制职能才防范风险。计划是对未来活动进行的一种预先的谋划，很显然，这种谋划不当会对本组织带来负面影响，所以，计划职能中要有应对可能的计划不当之措施；同时，对未来的谋划要考虑可能出现的不利因素，避免这些不利因素可能造成的损害。组织为实现组织目标，对组织机构、员工配置及责权关系的规定，很显然，机构设置、员工配置及权责设计都要考虑风险防范的要求，授权批准控制、不相容职能分离、岗位轮换、职业道德要求是组织职能中内部控制措施的典型代表。指挥是指管理者利用组织所赋予的权力去影响和激励组织成员为实现组织目标而努力工作，这其中当然包括影响和激励组织成员应对可能对本组织目标带来负面影响的风险之应对。协调职能是指管理者及时排除各种障碍，理顺各方面关系，促进组织机构正常运转，这些协调中，当然包括协调大家来应对风险。控制是为保证组织各部门各环节能按预定要求运作而实现组织目标的管理活动，很显然，控制职能要寻找和应对偏差组织目标的情形，这其中就包括风险应对的成分。所以，总体来说，管理各职能都包括有风险应对的要素。

所以，内部控制的本质不是管理职能中的控制职能，各项管理职能中都有风险应对的功能，同时，管理职能之外还有风险应对行为。

2. 内部控制与管理体系的关系

管理体系是通过正式制度和非正式制度对本组织所有事项的规范，内部控制与管理体系的关系有两个方面，一是内部控制在管理体系中的定位，二是内部控制要融于管理体系之中。我们分别来阐述。

先来看内部控制在管理体系中的定位。任何组织的管理体系设计都要同时关注两个重要的主题，一是提高效率，二是防范风险。组织目标的达成及保持组织持续健康都依赖于提高效率和防范风险。所以，任何一项管理事项的规范，在设计规范体系时，既要考虑如何通过该管理规范来提高效率；同时，还要考虑如何通过该管理规范来防范风险。一般来说，提高效率和防范风险有一定的矛盾，为了提高效率，可能要放弃对一些风险的防范，而为了防范风险，则有可能一定程度上会降低效率，所以，需要综合考虑提高效率和防范风险的要求之后，再确定管理规范。在管理体系的两个主题中，内部控制定位于风险防范，它通过防范对组织有负面影响的不确定性事项来为组织目标的达成和组织持续健康做出贡献。这种定位似乎有些消极，但是，正是这种消极定位，能防范组织突变或防范重大不利事项的发生，发挥免疫系统的功能。

再来看内部控制要融于管理体系之中。由于管理体系设计要同时关注风险和效率两个主题，所以，绝大多数管理设计都同时具有提高效率和防范风险的双重功能，只提高效率或只防范风险的管理设计很少。也正是因为如此，绝大多数的内部控制不能离开管理体系而存在，而是融于管理体系之中，或者说，在管理体系设计中，同时考虑了提高效率和防范风险的双重要求之后，这种管理体系本身已经具有了内部控制的功能。所以，内部控制与管理体系融为一体，成为管理体系的有机组成部分。

当然，内部控制基于其防范风险的定位，也可能存在一些特殊的控制措施，这些控制措施完全是为了防范风险而存在的，这些措施并不具有提高效率功能，这些内部控制是专门的内部控制，与此相适应，本章将融于管理体系中的内部控制称为双重功能的内部控制（提高效率和防范风险双重功能）。一般来说，在一个组织中，双重功能的内部控制是主流，专门的内部控制是辅助性的。

与此相关的一个问题是，任何一个单位可能有管理制度汇编，那么，能否有独立的内部控制制度汇编呢？本章认为，并不存在单独的内部控制制度汇编，如果一定要拿出内部控制制度汇编，可以将管理制度汇编中与风险防范无关的内部删除，再加上专门的内部控制，就得到了单独的内部控制制度汇编。

3. 内部控制与风险管理的关系

内部控制与风险管理的关系是实务界和学术界都关注的一个话题，由于 COSO 委员会分别发布内部控制框架和风险管理框架，并且对内部控制与风险管理的关系语焉不详，使得二者的关系莫

表一是。基于"内部控制是组织内部建立和实施的风险应对机制"这种认识，本章认为，风险管理的本质也是组织内部建立和实施的风险应对机制，风险管理与内部控制在本质上是一致的。但是，由于内部控制并不一定要关注全部风险，在其发展的不同阶段，关注的风险内容不同，从而出现不同的称呼，风险管理是内部控制在目前这个发展阶段的称呼。在内部牵制阶段，内部控制主要关注财产安全风险，内部控制称为内部牵制；在会计控制阶段，内部控制主要关注会计信息错弊风险，内部控制称为会计控制；在内部控制阶段，内部控制关注财产安全风险、会计信息错弊风险及经营风险，由于关注的风险已经多样，所以，内部控制已经称为内部控制；在会计控制与管理控制阶段，审计师主要关注会计信息错弊风险，内部控制分解为会计控制和管理控制，管理控制与会计信息错弊风险无关；在内部控制结构阶段，关注的风险不只是会计信息错弊风险，同时，将控制环境、会计系统及控制程序作为内部控制的组成要素，所以，称为内部控制结构；在内部控制整合框架阶段，关注的风险涉及合规合法性、财务信息真实完整性、经营效率和效果，所以，称为内部控制整合框架。在风险管理整合框架阶段，内部控制关注的风险越来越广泛，并且，关注风险已经成为这个时代的重要管理主题，社会已经进入风险社会，适应这个时代的需要，内部控制称为风险管理。所以，内部控制是一个总概念，风险管理是其现阶段的发展状况，随着控制范围和控制目标的变化，内部控制呈现不同的发展阶段，现阶段是风险管理阶段。

四、例证分析

本章以上提出了"内部控制是组织内部建立和实施的风险应对机制"，这种关于内部控制本质之认知是否正确呢？由于这个命题难以进行规范的实证检验，本章用这个观点来分析一些权威机构发布的内部控制概念，以验证这个命题的解释力，从而一定程度上验证这个命题的正确性。

（一）《柯氏会计辞典》界定的内部牵制

著名的《柯氏会计辞典》（Kohler's Dictionary for Accountant）对内部牵制的界定是，"内部牵制是为提供有效的组织和经营并防止错误和其他非法业务发生而制定的业务流程"。

分析：很显然，"错误和其他非法业务"都属于对本组织有负面影响的事项，内部牵制以其特有的方式来防止这些事项的发生，这是一种特殊的内部控制，其关注的风险也是特定的风险，符合本文的内部控制定义。

（二）AICPA 所属审计程序委员 1949 年对内部控制的界定

AICPA 下属审计程序委员会于 1949 年发表了题为《内部控制——一种协调制度要素及其对管理当局和独立审计人员的重要性》的专题报告，对内部控制首次做出了如下权威定义："内部控制包括组织的组成结构及该组织为保护其财产安全、检查其会计资料的准确性和可靠性，提高经营效率，保证既定的管理政策得以实施而采取的所有方法和措施。"

分析:"保护其财产安全、检查其会计资料的准确性和可靠性,提高经营效率,保证既定的管理政策得以实施",就是要防范对财产安全、会计资料的准确性和可靠性、经营效率、管理政策实施有负面影响的事项之发生,这是只关注这些特定风险的内部控制,符合本章的内部控制定义。

(三)AICPA 所属审计程序委员 1953 年对会计控制和管理控制的界定

1953 年 10 月,审计程序委员会发布《审计程序公告第 19 号》(SAPNo. 19),对内部控制作了如下划分:"广义地说,内部控制按其特点划分为会计控制和管理控制:(1)会计控制由组织计划和所有保护资产、保护会计记录可靠性或与此有关的方法和程序构成;(2)管理控制由组织计划和所有为提高经营效率、保证管理部门所制定的各项政策得到贯彻执行或与此直接有关的方法和程序构成。"

分析:会计控制"保护资产、保护会计记录可靠性",就是要防范影响资产安全、影响会计记录可靠性的事项之发生,这是特定的风险,所以,会计控制是针对特定风险的内部控制。管理控制"提高经营效率、保证管理部门所制定的各项政策得到贯彻执行",就是要防范对经营效率和各项政策贯彻执行有负面影响的事项之发生,这是特定的风险防范,所以,管理控制是针对特定风险的内部控制。本章对内部控制界定能容纳会计控制和管理控制。

（四）审计准则委员会 1988 年发布的第 55 号《审计准则公告》对内部控制结构的界定

1988 年，审计准则委员会发布第 55 号《审计准则公告》，提出"内部控制结构"这一概念，该准则规定，内部控制结构是指，"为了对实现特定公司目标提供合理保证而建立的一系列政策和程序的有机总体，包括控制环境、会计系统及控制程序"。

分析："对实现特定公司目标提供合理保证"，其保证方式通过防范对特定公司目标有负面影响的事项的影响力，而这些有负面影响的事项就是风险。所以，内部控制结构只是关注对"特定公司目标"有影响风险，属于针对特定风险的内部控制，符合本章的内部控制定义。

（五）COSO 报告 1992 年对内部控制的界定

1992 年的 COSO 报告提出了内部控制整体框架，对内部控制的定义是，"内部控制是由组织董事会、管理当局和其他员工实施的，旨在为确保经营的效率和效果、财务报告的可靠性以及对现行法规的遵循提供合理保证的过程"。

分析："确保经营的效率和效果、财务报告的可靠性以及对现行法规的遵循"，其确保的方式就是防范对经营效率和效果、财务报告可靠性以及对现行法规遵循有负面影响的事项之发生，这些事项也就是有特定影响的风险，所以，这里的内部控制是针对特定风险的内部控制，也是风险应对机制，符合本章的内部控制定义。

（六）COSO 报告 2013 年对内部控制的界定

2013 年的 COSO 报告对内部控制的定义是，"内部控制是由组织的董事会、管理阶层及其他人员实施的，用来为经营效率效果、可靠的报告及遵守相关法令提供合理保障的一个过程"。

分析：这个内部控制定义与 1992 版的 COSO 报告无实质性区别，只是表述方式有差异。"为经营效率效果、可靠的报告及遵守相关法令提供合理保障"，其路径还是防范对这些目标有负面影响之事项的发生，所以，这里的内部控制是针对这些特定风险的内部控制，符合本章的内部控制定义。

总体来说，本章提出的"内部控制是组织内部建立和实施的风险应对机制"，能解释权威机构关于内部控制的定义，这些内部控制定义只是针对特定风险的内部控制，而本章提出的"内部控制是组织内部建立和实施的风险应对机制"，具有广泛的适应性。

五、结论和启示

理论是制度建构的基础，没有科学的理论为基础，科学的制度就难以形成。内部控制制度建构同样依赖于内部控制理论。在内部控制的诸多理论问题中，内部控制本质是最重要的问题之一。本章基于内部控制现象来概括内部控制的共性本质，提出一个关于内部控制本质的一般性的理论框架，并用这个理论框架来分析权威机构关于内部控制的定义。

从本质上来说，内部控制是组织内部建立和实施的风险应对机制。内部控制的控制内容就是风险。内部控制的控制主体来源于组织内部。内部控制的控制方法是建立和实施风险应对机制。内部控制作为组织内部建立和实施的风险应对机制，能贯通到内部控制的所有基本问题。内部控制不一定是管理职能，各项管理职能中都有风险防范的要求，并不只是控制职能才防范风险。内部控制是管理体系的组成部分，定位于风险防范，内部控制要融于管理体系之中。内部控制与风险管理在本质上是一致的，风险管理是内部控制在风险社会的称呼。

《柯氏会计辞典》界定的内部牵制、AICPA 所属审计程序委员 1949 年界定的内部控制、AICPA 所属审计程序委员 1953 年界定的会计控制和管理控制、审计准则委员会 1988 年发布的第 55 号《审计准则公告》界定的内部控制结构、COSO 报告 1992 年对内部控制的界定及 COSO 报告 2013 年对内部控制的界定，都是针对这些特定风险的内部控制，属于本文所界定内部控制的特定形态。

本章的研究启发我们，内部控制的核心内涵是组织内部建立和实施的风险应对机制，控制什么风险、如何控制这些风险，都需要从本组织的特定环境出发来确定，任何权威机构发布的内部控制规范都只有参考价值，照搬照抄他人的内部控制就更逊一个档次了。所以，如何根据中国的特定环境来建构具有中国特色的内部控制指引体系是理论界和实务界需要努力的头等大事。

参考文献

樊行健，刘光忠，关于构建政府部门内部控制概念框架的若干思考 [J]，会计研究，2011，（10）：34—41。

郑石桥，徐国强，论融入管理体系中的内部控制设计［C］，中国会计学会内部控制专业委员会2009内部控制专题学术研讨会论文集，2009年4月。

樊行健，肖光红，关于企业内部控制本质与概念的理论反思［J］，会计研究，2014，（2）：4—11。

何九妹，从法约尔的五职能理论浅谈内部控制的范围［J］，会计之友，2010，（9）：64—65。

白华，郑晓晓，内部控制：制度抑或系统［J］？中国注册会计师，2011，（1）：98—101。

白华，内部控制、公司治理与风险管理——一个职能论的视角［J］，经济学家，2012，（3）：46—54。

丁友刚，胡兴国，内部控制、风险控制与风险管理—基于组织目标的概念解说与思想演进［J］，会计研究，2007，（12）：51—54。

戴文涛，内部控制学科体系构建［J］，审计与经济研究，2010，（3）：80—86。

李桦，周曙光，内部控制理论演进视角下内部控制本质研究［J］，财会通讯，2011，（2）：99—100。

杨兴龙，孙芳城，陈丽蓉，内部控制与免疫系统：基于功能分析法的思考［J］，会计研究，2013，（3）：65—71。

杨雄胜，内部控制范畴定义探索［J］，会计研究，2011，（8）：46—52。

刘明辉，张宜霞，内部控制的经济学思考［J］，会计研究，2002，（8）：54—56。

张宜霞，企业内部控制的范围、性质与概念体系——基于系统和整体效率视角的研究［J］，会计研究，2007，（7）：36—43。

谢志华，内部控制：本质与结构［J］，会计研究，2009，（12）：70—75。

杜海霞，基于产权理论的内部控制本质研究［J］，商业研究，2012，（1）：67—70。

刘家义，树立科学审计理念发挥审计监督"免疫系统"功能［J］，求是，2009，（10）：28—30。

张砚，内部控制历史发展的组织演化研究［J］，会计研究，2005，（2）：76—81。

张宜霞，企业内部控制论［M］，北财经大学出版社，2008：101—102。

2. 内部控制需求：理论框架和例证分析

【内容摘要】内部控制需求来自于外部驱动因素和内在需求因素，外部驱动因素对组织风险的影响包括影响增加组织风险、对组织提出风险控制的要求和帮助组织控制风险。内在需求因素包括人的因素和物的因素，人的因素主要源于人的自利和有限理性，物的因素主要源于物质的化学及物理特征。控制主体对内部控制需求的感知、高层基调、风险对组织的重要性、成本效益原则、组织的风险容忍度和组织资源共同影响组织的内部控制供给意愿。内部控制供给意愿与内部控制需求的交叉，形成内部控制有效需求，这些有效需求转换为内部控制行动，形成内部控制状况。内部控制需求、内部控制供给意愿都是动态的、差异化的，所以，内部控制有效需求及内部控制状况也是动态的、差异化的。

一、引言

英国社会学家斯宾塞指出，"任何一个系统的动力过程都可以将其视为满足这些基本需求的功能过程"，内部控制作为一个系统也不例外。那么，内部控制的动力过程如何呢？或者说，为什么会有内部控制？内部控制需求为什么会发生变化呢？由于人们对内部控制本质的认识不同，对内部控制需求及其变化的解释也不同。但是，不管怎么认识内部控制，解释内部控制需求及其变化都是内部控制的一个基础理论问题，现有文献从不同的视角解释了内部控制需求及其变化，但是，现有研究是以企业的内部控制需求为主，对外部驱动因素的影响未能给予以应有的重视，也不是完整的内部控制的需求。所以，总体来说，还是缺乏一个一般性、完整的内部控制需求理论框架。

本章以内部控制的本质是组织内部建立和实施的风险应对机制为基础，在此基础上，分析内部控制需求及其变化。随后的内容安排如下：首先是一个简要的文献综述，梳理内部控制需求相关文献；在此基础上，将内部控制需求因素区分为外部驱动因素和内在需求因素，提出一个一般性的、完整的内部控制有效需求及其变化的理论框架；然后是例证分析，通过这个例证一定程度上检验上述理论框架；最后是结论和启示。

二、文献综述

关于内部控制需求及其变动有一定的研究文献，主要有三种研究视角，一是研究内部控制动力，二是以新制度经济学为基础来研究内部控制需求，三是从内部控制重要性的角度来研究内部控制需求。

研究内部控制动力的文献，一般将内部控制动力区分为外部动力和内部动力，外部动力来源于外部利益相关者，包括监管者、注册会计师、投资者等，不同的外部利益相关者会关注内部控制的不同方向；内部动力主要来源于管理当局；同时，外部动力会转换为外部压力，从而增加内部动力（Langfield-SmithKim，1997；程安林，2015；孟淑云，2002；张先治，张晓东，2004；王哲，2004；吴粒，洪银玉，2004；张晓莹，2005；花双莲，2011；刘国强，2013；缪艳娟，李志斌，2014）。

以新制度经济学为基础来研究内部控制需求，一些文献认为，内部控制是对企业内部公共领域的规范，通过对这些领域的规范来降低交易成本（蔡吉甫，2006；杜海霞，2012）；有些文献则认为组织内部存在科层结构，不同的科层之间存在委托代理关系，从而需要内部控制来抑制这些委托代理关系中存在的代理问题或机会主义行为（徐虹，林钟高，2007；林钟高，郑军2007；郑石桥，2017）。

还有一些文献从内部控制对于企业或行政事业单位的重要性这个角度来阐述内部控制的需求（吴英，2007；尹永信，2008；崔之刚，2016）。

现有文献对内部控制需求的研究奠定了进一步探究内部控制需求理论的良好基础，然而，总体来说，还存在一些需要进一步探究的问题，第一，现有研究主要关注企业内部控制需求，没有一个基于企业和非企业组织的一般化的内部控制需求的理论框架；第二，现有研究对于外部驱动素的影响未能给予应有的关注；第三，没有基于一定的内部控制本质来探究内部控制需求，所以，不同的文献所研究的内部控制只是某些方面的内部控制，不是完整的内部控制。本章基于现有研究文献，在解决上述问题的基础上，提出一个一般性、完整的内部控制有效需求理论框架。

三、理论框架

本章的目的是提出一个一般性的、完整的内部控制有效需求及其变化的理论框架，这里的一般性，是指这个理论框架要适用于企业和非企业组织；这里的完整，是指这个理论框架所包括的内部控制是完整的内部控制，不只是内部控制的局部，例如，以新制度经济学为基础的内部控制，只是关注到产权及交易成本问题相关的内部控制，而未能涉及外部环境引致的风险，本章以内部控制就是组织内部建立和实施的风险应对机制为基础来研究内部控制需求，这就包括了完整的内部控制；这里的有效需求是指能实现的需求，不包括不能实现的内部控制需求。同时，本章将风险界定为对组织有负面影响的一切事项。

一般性的、完整的内部控制有效需求理论解释内部控制有效需求及其变化，需要回答三个基础性的问题，一是内部控制有效需求来自何方？二是内部控制有效需求为什么会发生变化？三是内部控制状况为什么会呈现差异化？本章认为，内部控制有效需求来自于外部驱动因素和内在需求因素，二者共同组成内部控制有效需求，而这些驱动因素和需求因素会发生变化，进而导致内部控制有效需求发生变化；内部控制有效需求决定内部控制状况差异化，内部控制有效需求的变化导致内部控制状况的变化。上述思路如图1所示，这也是本章的研究框架。

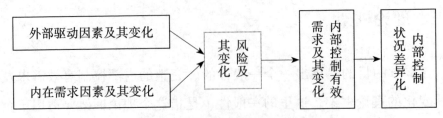

图1 内部控制有效需求及其变化

（一）外部驱动因素及其变化导致的风险及其变化

外部驱动因素是影响一个组织外部影响其风险或风险控制的因素，这些驱动因素从三个不同的路径来影响组织的内部控制需求，一是影响增加组织风险，二是对组织提出风险控制的要求，三是帮助组织控制风险。

1. 增加组织风险的外部因素

风险是对组织有负面影响的一切事项。组织外部有许多的因素会导致一些对本组织有负面影响的事项，从而给本组织带来风险。举例说明如下：（1）竞争者会在客户、资源、技术及人力资源等方面与本组织展开竞争，从而可能影响本组织的业务营运及资源获取，甚至危及本组织的生存，所以，竞争者会给本组织带来风险；（2）政府规制部门会提出一些关于本组织所在行业的规制要求，如果本组织没有遵守这些规制要求，可能招致处理处罚，从而给本组织带来风险；（3）客户、供应商及债权人，基于自身利益的考虑，在与本组织的业务交易中可能做出一些不利于本组织的事项，从而带来风险；（4）外部人士可能利用一切机会，非法占有本组织的财产，从而给本组织带来风险；（5）外部环境的变化可能导致一些对本组织不利的事项发生，主要是指政治环境、经济环境、社会环境及技术环境等发生变化，产生一些对本组织不利的事项，例如，原料价格上涨、产品价格下跌、人力资源成本升高、技术发生革命性突变，等等，给本组织带来风险。

上述这些增加组织风险的外部因素并不是静态不变的，而是处于不断的变动之中，例如，竞争者、客户、供应商及债权人会不断地要本组织带来新的风险，政府规制部门可能会变更规制要求，外部环境也发生变化，从而带来新的风险。正是由于给本组织增加风险的这些外部因素是变动的，所以，这些因素带给本组织的风险也是变动的，从而，本组织需要应对的风险也是变动的，进而，本组织的风险应对也需要做适应性变动。

2. 给组织提出风险控制要求的外部利益相关者

组织外部有一些利益相关者，与本组织的利益休戚相关，出于其自身利益的考虑，给本组织的风险控制提出要求，这些风险控制的要求，也就成为本组织风险控制的外部需求因素。举例说明如下：（1）投资者基于其自身利益的考虑，要求本组织保障信息的真实完整、遵守相关法律法规、保障资产安全、提高业务营运的效率效果等，为此，本组织必须建立内部控制来应对与上述目标相关的风险事件；（2）外部监管者基于行业健康发展的考虑，会要求行业内各组织建立风险应对机制，甚至提出相关的内部控制规范并强制要求每个组织执行，以保障每个组织的持续健康；（3）外部审计师基于其防范审计风险、提高审计效率的考虑，希望被审计单位建立有效的内部控制系统；（4）外部债权人甚至供应商及客户可能基于其自身利益的考虑，也会对其交易对方提出一些风险防范的要求。

上述这些给本组织提出风险控制要求的外部利益相关者，其提出的风险控制要求也是动态的，所以，适应这些利益相关者的要求，本组织需要关注的风险也是变化的。

3. 帮助本组织控制风险的外部利益相关者

组织外部还有些机构或个人由于种种原因有意或无意地帮助本组织控制风险，举例说明如下：（1）商业保险机构通过提供商业保险的方式，为所有投保人提供商业保险；（2）政府机关履行其法定职责，有助于每个组织防范风险，例如，司法机关履行其法定职责而惩处各种犯罪行为，公安机关履行其法定职责而维护社会治安，纪检监察机关履行其法定职责而惩治腐败，行业规制部门履行其法定职责而惩处不正当竞争行为，消防机构、安全监管机构履行其职责，都会一定程度上降低各个组织面临的风险；（3）社会文化价值观的有利变化，会抑制每个人的风险行为，从而降低了每个组织防范面临的风险；（4）社会媒体、舆论监督及一些社会组织的活动，可能有助于每个组织防范风险；（5）一些政府机构、行业组织和智库履行其职能而及时发表一些信息，这些信息或许有助于某些组织防范其业务营运或战略风险。

上述这些帮助本组织控制风险的外部利益相关者，对于本组织在风险控制方面的帮助也是变化的，也正是这些变化，本组织需要自己应对的风险也应该是变化的。

（二）内在需求因素及其变化导致的风险及其变化

任何一个组织内部都存在给本组织带来负面影响的因素，这些因素可以分为人的因素和物的因素，并且，这些因素都会发生变化，从而，它们给本组织带来的风险也会发生变化。

1. 人的因素及其变化导致的风险及其变化

组织内部的人是组织目标的达成者，是组织风险的控制者，然而，这些人也可能是组织风险的来源。任何一个组织都有一定的委托代理关系，从而形成一定的科层结构，所以，任何组织都是科层组织，在这个科层组织中，上级类似于委托人，而下级类似于代理人，不同层级的上下级之间都是委托代理关系，科层组织中的人都是上级的代理人，是下级的委托人。一般来说，人有自己的特征，这就是人性假设。由于对人性的认识不同，关于人性假设有多种观点，或者说，在不同的时期，对于人性有不同的认知，性善论、性恶论、经济人论、社会人论、复杂人论，这些都是人性假设的一些重要观点。然而，我们认为，人性假设所针对的人应该是现实生活中的普通人在正常情形下表现出来的人性，这里有两个条件，一是普通人的人性，而不是社会中的一些特殊群体的人性；二是正常情形下的人性，而不是发生特殊情形下的人性。根据上述两个条件，我们认为，人性特征或人性假设主要有两个方面，一是自利，二是有限理性。自利是指人会本能地寻求自我利益最大化，正是这种本能的自利，可能出现机会主义行为，进而可能损害他人的利益。有限理性是指人会有意识地理性，但是，这种有意识的理性是有限度的，并不能保障不犯错误，所以，具有有限理性的人可能会无意识地犯错误。

处于科层组织中的人正是因为具有上述两个特征，可能给本组织带来负面影响，也就是带来风险。我们先来看自利给本组织带来的风险。自利人主要通过机会主义行为给本组织带来负面影响或风险，具体有两个路径，一是逆向行为，二是卸责。逆向行为是指自利人有意地直接采取一些对本组织有害的行为，例如，直接非法占有本组织的财产、在业务交易中以损害本组织利益为代价来谋取自己的利益、为了自己的利益而弄虚作假、为了自己的利益最大化而违背国家颁布的法律法规、为了自己的享受而挥霍本组织的资源，这些都属于逆向行为，这些行为有三个特征，一是有意而为之，二是对本组织有害，三是对行为人自己有利。卸责主要是不作为，从而使得本组织的风险没有得到有效应对。一般来说，处于科层组织中的人在风险应对中不作为，对于自利人来说可能有两个方面的好处，一是不用总是要耗费其一定的体力和精力，因为应对风险总是要耗费其一定的体力和精力，如果选择不作为，则就不需要耗费这些体力和精力，自利人获得更多的闲暇效用；二是有某些情形下，由于不作为，致使本组织的内部控制存在某些缺陷，而正是这些缺陷的存在可能给自利人的逆向行为提供了机会，所以，自利人乐意这些内部控制缺陷的存在。卸责表现为自利人不动声色，并没有采取专门的行动来损害本组织的利益，但是，正是这种有意识的不动声色，使得本组织可能受到一些不利因素的损害。

我们再来看有限理性给本组织带来的风险。具有有限理性的人可能会无意识地犯错误，从而给本组织带来负面影响或风险。任何人都是有限理性，所以，即使不处于科层组织的人也可能犯错误，但是，处于科层组织的人可能更容易犯错误，也就是说，其有限理性得以放大，这里的主要原因是处于科层组织的人处于委托代理关系中，在这种情形下，代理人可能更加敢于放胆而为，一方面，代理人的行为是"花他人的钱为他人办事"，不一定会像"花自己的钱为自己办事"那么谨慎；另一方面，因为代理人的放胆而为如果成功，则会体现为代理人的绩效，如果失败，其后果主要由组织来承担，并不是代理人自己承担责任。正是代理人的放胆而为，可能增加其犯错的可能性。所以，有限理性会使人犯错误，但是，处于科层组织的人可能更容易犯错误，这无疑会增加组织风险。例如，由于不关注相关法律法规或错误地理解了相关法律法规，从而出现违规行为；由于粗心大意，造成财产的损失浪费或者让他人成功利用本组织的漏洞获取了非法利益；由于粗心大意，信息计算或加工错误或遗漏，或者让他人的弄虚作假行为得逞；由于粗心大意，使得损害本组织目标的事项得以发生。上述这些对本组织有害的事项或风险都是由于科层组织的人的有限理性而造成的。

当然，科层组织的人的自利行为的发生或有限理性的放大，其前提条件是激励不相容、信息不对称和环境不确定性，如果没有上述这些条件，科层组织的人或者不会、或者不能发生自利行为，或者是会放大其有限理性。

以上分析了科层组织的人的自利或有限理性对本组织带来的损害，然而，自利及有限理性都会变化的。首先，不同的人会有不同的自利程度和有限理性程度，当科层组织中的人发生变动时，对本组织有害的自利行为及有限理性行为也会发生变化；其次，即使人不变化，同一个人的自利程度和有限理性程度也可能会发生变化，同时，在不同的特定环境下，其本人的自利兴趣也会发生变化。正是由于科层组织的人的自利及有限理性都会变化，所以，其带给本组织的损害或风险也会发生变化。

2. 物的因素及其变化导致的风险及其变化

科层组织内部除了人的因素可能会给本组织带来风险外，物的因素也可能给本组织带来风险。当然，物的因素首先表现为内部控制客体，也就是本组织要保护这些物的安全，但是，也正是这些物也可能导致风险，从内部控制需求的视角，这里主要从它们导致风险的角度来考虑。由于不同的组织有不同的物质配置，所以，没有一个统一的分析框架。但是，一般来说，组织的物大致可以分为存货、设备和工作场地，这些物的因素都可能导致风险。简要地分析如下：（1）存货的一些化学或物理特征可能导致灾害，从而形成本组织的风险；（2）设备运行可能造成污染，设备本身的物理状况可能发生变化或者是设备操作不当，都可能造成设备事故甚至人身事故；（3）工作场地可能发生一些不安全因素，从而形成安全事故。

科层组织内部上述这些物的因素受到外部自然环境的影响或使用状况的影响，其本身的化学、物理特征会发生变化，正是这些变化，导致其可能给本组织带来的损害也会发生变化。所以，物的因素带给本组织的风险也是变化。

（三）风险及其变化导致的内部控制有效需求及其变化

从理论上来说，任何一个组织对于给本组织带来负面影响的风险都要予以应对，所以，对于外部驱动因素及本组织内在因素所形成的风险都要予以应对，外部驱动因素形成风险应对的外部需求，而内在因素形成风险应对的内部需求，二者共同形成的内部控制需求。然而，这些需求能否真正得到实现，还要依赖于内部控制供给，只有需求与供给匹配了，这种内部控制需求也形成有效需求。

内部控制的供给是组织内部的控制主体实际提供的内部控制，体现在两个方面，一是对于哪些风险进行控制，通常称为控制范围；二是将风险控制到何种程度，通常称为控制程度。一般来说，控制范围和控制程度会受到内部控制需求的因素，通常，需求越是强烈，越是可能纳入控制范围，控制程度也会越高。但是，除了内部控制需求外，还有一些因素会影响内部控制供给，关键因素包括：

（1）控制主体对内部控制需求的感知。要采取控制行动，其前提是控制主体感知到控制需求，对于控制主体不能感知到的控制需求，当然不会纳入控制范围，也就不会有任何程度的控制。当然，控制主体对于控制需求程度的感知也会影响控制范围和控制程度，如果控制主体不能如实地感知到外部或内部的控制需求程度，则控制主体的控制行动也会打折扣。在这些情形下，不是控制主体不愿意控制，而是不控制主体没有真实地感知到控制需求，从而采取的控制活动与控制需求不匹配。

（2）高层基调。组织高层是否重视风险的这种态度，一般称为高层基调，如果高层对风险不重视，则很难有效地应对风险，一是难以认真地感知内部控制需求；二是难以认真地建立风险应对措施；三是难以认真地执行已经建立起来的风险应对措施。上述三个方面结合起来，该组织的风险控制意愿不强。

（3）风险对组织的重要性。尽管有外部风险，也有内部风险，但是，不同的风险对组织的负面影响不同，这种不同可以从两个角度来衡量，一是风险事件发生之后对组织的负面影响程度，影响程度越大，该风险对该组织越是重要；二是该风险事件发生的可能性，发生可能性越大，该风险对于该组织越是重要。上述两个角度联合起来，事实上就是风险损失期望值，该期望值越大，该组织对其越是重视，从而意愿提供的内部控制供给也就越大。

（4）成本效益原则。控制风险是需要采取行动的，这就必须产生控制成本，而防范风险则可能避免风险带来的损失，一般来说，对于特定的风险，只有控制成本小于该风险带来的期望损失，则这种控制都是符合成本效益原则的，对于这种控制才会有真实的供给意愿，对于控制成本超过期望损失的控制，一般不会有内部控制的供给意愿。所以，对于某项风险的控制，越是符合成本效益原则，则控制供给意愿会越大。

（5）组织的风险容忍度。风险容忍度是组织对于风险带来的负面影响的容忍程度，它不同于高层基调，是基于其业务经营特征而选择的一种策略，因为现实生活中，许多情形下，风险与收益并存，控制高风险也就可能意味着放弃获取高收益的机会，例如，风险投资公司如果不能容忍一定程度的投资失败，则可能无法开展业务活动，这就需要在风险和收益之间进行权衡，从而出现不同的风险态度，一般包括风险厌恶、风险偏好和风险中性三类，很显然，不同的风险态度，对于风险控制的供给意愿是不同的。

（6）组织资源。风险控制是需要耗费资源的，如果本组织暂时没有这些资源，则可能无法形成有效供给。

以上分析了影响内部控制供给的一些关键因素，正是这些关键因素，决定了内部控制的意愿供给，这种意愿供给与内部控制需求的交叉之处，就形成内部控制有效供给，这些供给所回复的内部控制需求就成为有效需求。一般来说，有效需求不是内部控制全部需求，只是其中的一部分。

内部控制有效需求并不是一成不变，而是会发生变化，这有两方面的原因，一是内部控制需求会发生变化，这在本章前面已经分析过；二是影响内部控制供给意愿的因素也发生变化，正是这些变化，影响了内部控制的供给意愿，进而影响哪些内部控制需求得以实现并成为有效需求。

本章以上分析的内部控制供给意愿是真实的意愿，现实世界中，有一种虚假的内部控制供给，形式上建立了内部控制制度，但是，事实上并未遵守执行，这些组织建立这些内部控制制度完全是为了应对外部强制要求，并不是真正源于意愿供给。这种情形下的内部控制建立是浪费资源，不会有任何形式的风险防范效果。这里的原因可能有两个方面，一是外部主体对内部控制的强制要求可能没有道理；二是控制主体并不认为这些外部主体强调的风险需要控制或认为本组织现有控制措施已经中心应对这些风险。无论是何种情形，都是外部主体的控制需求没有转换为具有真实供给意愿的有效需求。

（四）内部控制有效需求及其变化导致的内部控制状况差异化

内部控制有效需求会转换为组织内部的控制主体的控制行动，而这些控制行动就决定了组织的内部控制状况。现实世界中，内部控制状况呈现差异化，一是不同组织的内部控制状况不同，二是同一组织的内部控制状况会发生变化，这其中的主要原因就是内部控制有效需求不同或发生了变化。

不同的组织，由于其业务经营活动不同，内部的人和物不同，外部利益相关者也不同，所以，内部控制需求不同；同时，由于本章前面分析过的影响内部控制有效需求的六个因素方面也存在差异，所以，内部控制供给意愿不同，进而形成不同的内部控制有效需求，这些不同的有效需求当然会转换为不同的内部控制行动，从而呈现差异化的内部控制状况。

同一个组织的内部控制，在不同时期也可能呈现不同的状况，这其中的原因同样是因为外部驱动因素形成的内部控制需求及内在因素形成的内部控制需求都可能发生变化，而这些变化可能会影响内部控制的有效需求之形成；同时，同一组织在不同的时期，影响内部控制供给意愿的因素（控制主体对内部控制需求的感知，高层基调，风险对组织的重要性，成本效益原则，组织的风险容忍度，组织资源）也可能发生变化，正是这些变化，导致内部控制供给意愿发生变化，从而影响内部控制有效需求发生变化，这些变化当然会使内部控制状况发生变化。

所以，总体来说，内部控制状况差异化的原因可以归纳如图2所示，正是内部控制需求和内部控制供给意愿的差异化，形成内部控制有效需求的差异化，正是内部控制有效需求的差异化，形成了差异化的内部控制状况。

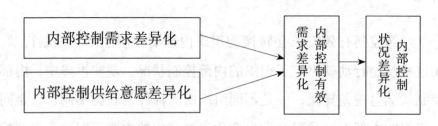

图2　内部控制状况差异化的原因

四、例证分析

本章提出了一个一般性的、完整的内部控制有效需求及其变化的理论框架，理论的生命力在于其解释现实世界的能力。由于本章涉及的因素较多，难以通过一个实证研究来检验这个理论框架的正确性，下面，通过一个例证分析，以一定程度上检验这些理论框架的某些方面。

（一）例证简介

张传财、陈汉文（2017）选取 2007—2012 年中国沪深两市 A 股上市公司为研究样本，以"中国上市公司内部控制指数"来衡量企业内部控制质量，研究了产品市场竞争和产权性质对内部控制质量的影响差异。研究发现，"产品市场竞争对内部控制质量具有显著影响，产品市场竞争越激烈，企业内部控制质量越高，而这种效应在非国有控股公司比在国有控股公司更显著"。这个研究结论与本章的理论框架是否具有一致性呢？

（二）例证分析

关于产品市场竞争对内部控制质量的影响，研究发现，"产品市场竞争对内部控制质量具有显著影响，产品市场竞争越激烈，企业内部控制质量越高"。张传财、陈汉文（2017）的解释是，"产品市场竞争可能会通过破产威胁效应和代理成本效应共同影响股东和经理层的行为，进而影响企业内部控制质量"。

　　我们用本章的理论框架来分析破产威胁效应和代理成本效应。根据本章的理论框架，竞争者会给组织带来负面影响，从而增加本组织的风险，这是一种外部驱动因素，张传财、陈汉文（2017）提出的"破产威胁效应"就是这些外部驱动因素给本组织带来的风险。同时，根据本章的理论框架，组织内部处于科层结构的代理人可能具有机会主义行为，而这种机会主义行为是对组织有害的，机会主义行为发生的前提是激励不相容、信息不对称和环境不确定性，张传财、陈汉文（2017）提出的"代理成本效应"是指市场竞争降低了股东与经理层之间的信息不对称，从而对经理人的机会主义行为发挥了抑制作用，增加了经理层强化内部控制的意愿。

　　关于不同产权性质下产品市场竞争对内部控制质量的影响。研究发现，"这种效应在非国有控股公司比在国有控股公司更显著"。也就是说，对于非国有控股公司来说，产品市场竞争对内部控制质量的正面影响越大。张传财、陈汉文（2017）认为有三个方面的原因，一是"不同产权性质的企业所处的产品市场竞争环境可能存在差异"；二是"不同产权性质的企业应对产品市场竞争带来的破产威胁风险的能力不同"；三是"不同产权性质的企业其产品市场竞争的代理成本效应发挥作用的程度不同"。

　　根据本章的理论框架，外部驱动因素形成的内部控制需求，需要通过内部主体的内部控制意愿都能转换为内部控制有效需求，进而形成内部控制行动，国有控股公司由于政府的格外关怀及破产威胁风险对自己本人的利益关联不很密切，所以，对于外部驱动形成的风险之感知不同、内部控制的意愿供给也不同，基于同样的外部风险，形成的内部控制有效需求也就不同，正是这种不同，内部控制行动也就不同。

总体来说，本章的理论框架能解释张传财、陈汉文（2017）关于产品市场竞争和产权性质对内部控制质量影响差异的研究发现。

五、结论和启示

解释内部控制需求及其变化都是内部控制的一个基础理论问题，现有文献从不同的视角解释了内部控制需求及其变化，但是，还是缺乏一个一般性、完整的内部控制需求理论框架。本文将内部控制需求因素区分为外部驱动因素和内在需求因素，提出一个一般性的、完整的内部控制有效需求及其变化的理论框架。这里的一般性，是指这个理论框架要适用于企业和非企业组织；这里的完整，是指这个理论框架所包括的内部控制是完整的内部控制，不只是内部控制的局部。

内部控制需求来自于外部驱动因素和内在需求因素，外部驱动因素对组织风险的影响包括影响增加组织风险、对组织提出风险控制的要求和帮助组织控制风险。内在需求因素包括人的因素和物的因素，人的因素主要源于人的自利和有限理性，物的因素主要源于物质的化学及物理特征。控制主体对内部控制需求的感知、高层基调、风险对组织的重要性、成本效益原则、组织的风险容忍度和组织资源共同影响组织的内部控制供给意愿。内部控制供给意愿与内部控制需求的交叉，形成内部控制有效需求，这些有效需求转换为内部控制行动，形成内部控制状况。内部控制需求、内部控制供给意愿都是动态的、差异化的，所以，内部控制有效需求及内部控制状况也是动态的、差异化的。

本章的研究启示我们，内部控制需求和内部控制供给意愿决定了内部控制有效需求，而内部控制有效需求则决定了内部控制行动并进而决定了内部控制状况，而影响内部控制需求和内部控制供给意愿的因素是复杂的，所以，决定内部控制状况的因素也是复杂的。那种简单地认为，只要颁布了内部控制规范，提出了内部控制要求，就有改进内部控制状况的想法只能是美好的意愿，要真正推进内部控制改进，关键因素是提升组织内部的内部控制意愿，这其中，高层基调是核心。

参考文献

Langfield-SmithKim. 1997. Management Control Systems and Strategy: A critical Review. Accounting Organizations and Society, Vol. 22, 206-233.

程安林，内部控制制度变迁演化的动因选择：外力驱动还是内生驱动 [J]，审计与经济研究，2015，（3）：48—57。

孟淑云，内部控制的动力研究 [J]，山东经济战略研究，2002，（10）：44—45。

张先治，张晓东，基于投资者需求的上市公司内部控制实证分析 [J]，会计研究，2004，（12）：55—61。

王哲，企业内部控制的动力分析 [J]，会计之友，2004（4）：25—26.

吴粒，洪银玉，管理的需要是内部控制发展的内在动因 [J]，中国注册会计师，2004，（3）：51—53。

张晓莹. 军队内部控制改革的动力及经济学分析 [J]，军事经济研究，2005，（1）：37—39

花双莲，企业社会责任内部控制研究，中国海洋大学博士学位论文［D］，2011 年 5 月。

刘国强，探析企业内部控制的动力来源［J］，财会学习，2013，（7）：74—76.

缪艳娟，李志斌，企业内部控制规范实施：内在需求抑或外部推动？——基于江苏企业问卷调查的实证分析［J］，商业经济与管理，2014，（7）：31—41。

蔡吉甫，内部控制框架构建的产权理论研究［J］，审计与经济研究，2006，（11）：85—89。

杜海霞，基于产权理论的内部控制本质研究［J］，商业研究，2012，（1）：67—70。

徐虹，林钟高，基于科层理论的企业内部控制系统构建［J］，财会通讯，2007，（2）：15—18。

林钟高，郑军，企业内部控制研究——基于契约理论和法学思想的拓展性分析［J］，财会通讯，2007，（9）：6—9。

郑石桥，环境不确定性、人性假设和内部控制鉴证需求［J］，会计之友，2017，（13）：124—131。

吴英，论内部控制的重要性［J］，北方经济，2007，（1）：116—117。

尹永信，论企业内部控制的重要性［J］，江苏商论，2008，（8）：113—113。

崔之刚，事业单位财务管理中的采取内部控制的重要性研究［J］，财会学习，2016，（16）：256—256。

张传财，陈汉文，产品市场竞争、产权性质与内部控制质量［J］，会计研究，2017，（5）：67—74。

3. 内部控制内容：理论框架和例证分析

【内容摘要】内部控制的控制内容是风险。风险本质的损害论和目标偏差论具有实质上的同一性，综合起来，风险就是在一些因素的作用下，导致特定事项给特定组织带来损害或造成该组织特定目标偏差的不确定性。风险包括风险因素、风险事件、风险损害和目标偏差四要素，它们构成一个因果关系链。风险具有客观性、不确定性、损害性、可控性这些特征。风险可以从多种角度进行分类，从而出现不同的风险分类体系，按对组织的影响方向，风险可以分为纯粹风险和机会风险；按影响范围，风险可以划分为系统性风险和非系统性风险；按产生的主要原因，风险可以分为自然风险、社会风险、政治风险、经济风险、技术风险。

一、引言

内部控制的一个基本问题是，内部控制究竟控制什么？或者说，内部控制的控制内容是什么？这个基本问题划定了内部控制的边界，进而也决定了内部控制在组织内部的作用范围。所以，它是内部控制构建和实施的重要问题。现有文献基本认同内部控制的控制内容是风险，但是，对于风险的一些基础性问题尚缺乏研究。本章阐释这些基础性问题，提出一个内部控制内容的理论框架。

随后的内容安排如下：首先是一个简要的文献综述，梳理内部控制内容相关的文献；在此基础上，对风险的一些基础性问题做一简要的阐释，提出一个内部控制内容的理论框架；然后，用这个理论来解释若干例证，以一定程度上验证这个理论框架的解释力；最后是结论和启示。

二、文献综述

鲜有文献直接研究内部控制的控制内容，但是，研究内部控制本质的文献都会涉及内部控制的控制内容，一般来说，关于内部控制本质的各种不同观点可以概括为过程论、管理活动论、控制职能论、经济控制系统论、免疫系统论等，这些文献确定的内部控制内容有三种类型：第一，认为内部控制的控制内容就是风险，这是过程论的观点。第二，认为内部控制的控制内容是目标偏离。事实上，目标偏离也是风险。第三，免疫系统论认为内部控制的控制内容是"疫"。事实上，这里的"疫"也是风险。所以，总体来说，不同的观点都认同内部控制的控制内容是风险。

关于风险的研究文献很多，主要涉及风险本质、风险要素、风险特征、风险分类、风险量度、风险监测等，对于上述问题，不同的学科、不同的学者有不同的观点，相关的文献可以说是汗牛充栋（郑韫瑜，余跃年，1995；邹辉文，陈德棉，2002；贝克，2004；

郭晓亭，蒲勇健，林略，2004；弗兰克，2006）。总体来说，对于风险的研究主要是在各个特定领域内的研究，尚缺乏一般性的风险研究，并不存在一个通用的风险定义，也没有通用的风险分类体系，风险量度、风险监测也未形成一般性的理论。本文拟从内部控制视角出发，对风险的一些基础性问题做一简要的阐释。

三、理论框架

本章的目的是提出一个内部控制内容的理论框架，需要阐释三个基本问题：第一，内部控制的控制内容是风险；第二，从内部控制的视角出发，探究风险的本质、要素和特征；第三，从内部控制的视角出发，探究风险的分类。这三个问题的逻辑是，首先说清楚内部控制的控制内容为什么是风险，在此基础上，对风险做一个基础性的理论解释。

（一）内部控制的控制内容是风险

本章前面的文献综述指出，研究内部控制本质的文献都会涉及内部控制内容，这些观点基本都认同内部控制的控制内容是风险。下面，我们来就不同内部控制本质观点下的内部控制内容做一些具体分析。

COSO 报告（1992）发布的内部控制框架认为，内部控制是由主体的各层次实施旨在为实现其主要目标提供合理保证的过程，营运效率效果目标、财务报告真实性目标、法律法规遵循性目标，这是内部控制三大目标。内部控制如何实现三大目标呢？COSO 报告界定的内部控制五要素是内部环境、风险评估、控制活动、信息与沟通、内部监视，其作用过程是识别和控制影响目标实现的偏离，这种偏离也就是风险。

COSO 报告（2004）发布的风险管理框架认为，风险管理八要素包括内部环境、目标设定、风险识别、风险分析、风险应对策略、控制活动、信息与沟通、内部监视。很显然，风险管理的管理内容是风险。

事实上，COSO 确定的内部控制框架与风险管理框架并无实质性区别，八要素中的目标设定、风险识别、风险分析、风险应对策略这四个要素，共同组成五要素中的风险评估。

本章将 COSO 报告对内部控制的观点归结为过程论。除了过程论外，关于内部控制本质还有管理活动论、控制职能论、经济控制系统论、免疫系统论等，这些观点对内部控制本质的认知与 COSO 报告有些差异。

管理活动论认为，内部控制是管理体系的组成部分，是管理层和员工实现控制目标而发生的一项管理活动（郑石桥，徐国强，2009；樊行健，肖光红，2014）。这种观点与 COSO 报告并无实质性差异，其控制内容当然是影响目标实现的偏离，这些偏离就是风险。

控制职能论认为内部控制的本质是管理职能中的控制职能（何九妹，2010；白华，郑晓晓，2011；白华，2012）。控制职能的目的作用方式是发现目标偏离并控制这种偏离，很显然，这里的偏离可以归结为风险。

经济控制系统论认为内部控制是一种经济控制系统或者一项

经济机制或制度（丁友刚，胡兴国，2007；戴文涛，2010；李桦，周曙光，2011）。这种经济控制系统或机制或制度的作用方式是发现偏离，并控制这些偏离，以实现一定的目标。很显然，这里的偏离可以归结为风险。

免疫系统论认为内部控制是组织内部的免疫系统化（杨兴龙，孙芳城，陈丽蓉，2013）。很显然，这里的"疫"就是风险。

还有一种观点认为，内部控制是组织内部建立和实施的风险应对机制（郑石桥，2017）。很显然，既然是风险应对机制，应对的当然是风险，内部控制的控制内容显然是风险。

所以，总体来说，尽管对于内部控制本质有不同的认知或表述，但是，绝大多数观点，都认为内部控制的控制内容是风险，尽管有些观点并未使用"风险"这个词，例如，将目标偏离作为控制内容，就其实质来说，控制内容就是风险。然而，尽管内部控制的控制内容是风险，这是多数文献认同的观点，然而，对于风险本身的认知却有不同的观点。下面仅仅就风险的本质、要素、特征和分类做些探究。

（二）风险的本质、要素和特征

要深刻地理解风险，需要把握风险的本质、要素及特征，三者结合起来，从整体上刻画风险。下面，我们从上述三个方面来认知风险。

内部控制的控制内容是风险，这里的风险是什么意思呢？本章前面的文献综述指出，关于风险并无统一的定义，以下是几种代表性观点：风险是事件未来可能的结果发生的不确定性；风险是目标偏离的不确定性；风险是损害发生的不确定性；风险是指可能发生损害的损害程度的大小；风险是指损害的大小和发生的可能性（郭晓亭，蒲勇健，林略，2004；刘钧，2008）。综观这些观点，风险本质可以分为两类，一类强调目标或结果的不确定性，本章称为目标偏离论；二是强调损害的不确定性，本章称为损害论。从表面看来，两类观点存在分歧，目标偏离论强调了风险对组织的既定目标造成的偏离，并未强调损害，而损害论则强调风险给组织带来的损害，并未强调目标。但是，从实质来看，二者则异曲同工，组织既定目标未能实现，对于组织来说，就是损害，而组织受到了损害，则既定目标可能就会导致难以达成，如果一个组织在风险可能影响到的各个领域都有既定目标，则目标偏离论和损害论是重合的，在特定领域性的损害，就是对该特定领域目标的偏离，上述情形如表1所示。当然，对于一个特定的组织来说，可能在某些领域并无明确的目标，这种情形下，避免损害也可以当作一种目标。当然，这里的损害是广义的，凡是对组织可能形成的负面影响，都是损害。

表 1　目标偏离论与损害论的关系

项目		各领域的目标			
		A 领域目标	B 领域目标	C 领域目标	…
损害发生的领域	A 领域损害	★	★	★	★
	B 领域损害	★	★	★	★
	C 领域损害	★	★	★	★
	…	★	★	★	★
★表示重合					

既然目标偏离论和损害论二者具有实质上的一致性，本章对风险本质有如下界定：风险就是在一些因素的作用下，导致特定事项

给特定组织带来损害或造成该组织特定目标偏差的不确定性。

对风险本质的上述界定，包括了风险的四个要素：一是风险因素，正是这些因素造成了风险事件的发生；二是风险事件，正是这些事项给组织带来损害或造成目标偏差；三是风险损害，正是风险事件给组织带来了风险损害或负面影响；四是目标偏差，正是风险损害或负面影响，造成组织的特定目标未能达成（黄飞，1987）。上述风险四要素的关系如图1所示。

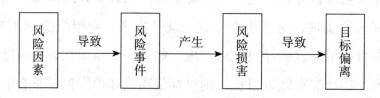

图1　风险要素

图2所示的风险要素之间的关系，也一定程度上显示了风险的发生机理，这就是风险因素导致风险事件，而风险事件导致风险损害，进而是风险损害导致目标偏差，这是一个因素关系链（谢志刚，周晶，2013），这个因素关系链也提示了风险控制的可能路径，如果风险因素来自于组织内部，则可能控制风险因素，如果风险因素并不来自于组织内部，则无法控制风险因素。

风险特征也就是风险所具有的特性，所以，也称为风险性质。有不少的文献研究特定领域的风险的特征，例如，金融风险的特征、财政风险的特征等。一般来说，无论何种风险，基本上都具有客观性、不确定性、损害性、可控性这些特征。客观性是指风险是一种不以人的意志为转移，是独立于人的意识之外的客观存在，人们不可能完全消除风险。不确定性是指风险是否发生、何时发生、其损害程度如何都不能事先预知。损害性是指风险会给特定的组织带来负面后果或导致其特定的目标不能有效地实现。可控性是指通过人们的努力，能一定程度上降低风险发生的可能性或降低其带来的损害。

（三）风险分类

有不少的文献研究特定领域的风险分类，例如，金融风险的分类、财政风险的分类等（冯中圣，1997；孙熔炜，2011）。一般来说，无论何种风险，都可以从多种角度进行分类。下面，介绍三种通用的分类方法。

（1）按对组织的影响方向，风险可以分为纯粹风险和机会风险。对组织带来影响的各种事项大致可以分为三类：积极事项、消极事项、机会事项。积极事项对组织只有有利影响；消极事项对组织只有不利影响；机会事项对组织的影响方向不确定，可能是正面影响，也可能是负面影响。消极事项和机会事项就是风险事件。根据这种分类，风险可以分为纯粹风险和机会风险，前者只有负面影响，后者可能是负面影响，也可能是正面影响。

（2）按影响范围，风险可以划分为系统性风险和非系统性风险。系统性风险是由组织外部的因素所形成、对于许多组织都有影响的风险；非系统性风险由与特定组织相关的因素的所形成、对于特定组织有影响的风险。由于系统性风险并不只是影响特定组织，所以，也称为基本风险，而非系统性风险只与特定组织相关，所以，也称为特定风险。

（3）按产生的主要原因，风险可以分为自然风险、社会风险、政治风险、经济风险、技术风险。自然风险主要是由自然力导致的风险，社会风险主要是由社会上的个人或团体的行为所导致的风险，政治风险主要是由政治因素导致的风险，经济风险主要是由经济因素导致的风险，技术风险主要是由科学技术导致的风险。

四、例证分析

本章以上提出内部控制的控制内容的理论框架，下面，用这个理论框架来解释财政部、证监会、审计署、银监会和保监会联合颁布的几个内部控制应用指引中的风险，以一定程度上验证这个理论框架的解释力。2010年4月，共颁布了18项目应用指引，由于篇幅所限，这里仅仅分析其中的三个应用引用。

（一）《企业内部控制应用指引第6号——资金活动》中的风险

《企业内部控制应用指引第6号——资金活动》第三条规定，企业资金活动至少应当关注下列风险："（1）筹资决策不当，引发资本结构不合理或无效融资，可能导致企业筹资成本过高或债务危机。（2）投资决策失误，引发盲目扩张或丧失发展机遇，可能导致资金链断裂或资金使用效益低下。（3）资金调度不合理、营运不畅，可能导致企业陷入财务困境或资金冗余。（4）资金活动管控不严，可能导致资金被挪用、侵占、抽逃或遭受欺诈。"

这个指引将资金活动风险划分为筹资风险、投资风险、资金调度风险和资金安全风险，具体分析如下：

筹资风险："筹资决策不当"是风险因素，"引发资本结构不合理或无效融资"是风险事件，"可能导致企业筹资成本过高或债务危机"是风险损害，而这种损害的发生，必然会影响筹资目标的实现。

投资风险："投资决策失误"是风险因素，"引发盲目扩张或丧失发展机遇"是风险事件，"可能导致资金链断裂或资金使用效益低下"是风险损害，而这种损害的发生，必然会影响投资目标的实现。

资金调度风险："资金调度不合理"是风险因素，"营运不畅"是风险事件，"可能导致企业陷入财务困境或资金冗余"是风险损害，而这种损害的发生，必然会影响资金调度目标的实现。

资金安全风险："资金活动管控不严"是风险因素，"可能导致资金被挪用、侵占、抽逃或遭受欺诈"既是风险事件，也是风险损害，而这种损害的发生，必然会影响资金安全目标的实现。

（二）《企业内部控制应用指引第 7 号——采购业务》中的风险

《企业内部控制应用指引第 7 号——采购业务》第三条规定，企业采购业务至少应当关注下列风险："（1）采购计划安排不合理，市场变化趋势预测不准确，造成库存短缺或积压，可能导致企业生产停滞或资源浪费。（2）供应商选择不当，采购方式不合理，招投标或定价机制不科学，授权审批不规范，可能导致采购物资质次价高，出现舞弊或遭受欺诈。（3）采购验收不规范，付款审核不严，可能导致采购物资、资金损害或信用受损。"

这个指引将采购业务划分为计划风险、采购风险、验收付款风险，具体分析如下：

计划风险："采购计划安排不合理，市场变化趋势预测不准确"是风险因素，"造成库存短缺或积压"是风险事件，"可能导致企业生产停滞或资源浪费"是风险损害，而这种损害的发生，必然会影响采购计划目标的实现。

采购风险："供应商选择不当，采购方式不合理，招投标或定价机制不科学，授权审批不规范"是风险因素，"可能导致采购物资质次价高，出现舞弊或遭受欺诈"既是风险事件，也是风险损害，而这种损害的发生，必然会影响采购目标的实现。

验收付款风险："采购验收不规范，付款审核不严"是风险因素，"可能导致采购物资、资金损害或信用受损"既是风险事件，也是风险损害，而这种损害的发生，必然会影响验收付款目标的实现。

（三）《企业内部控制应用指引第9号——销售业务》中的风险

《企业内部控制应用指引第9号——销售业务》第三条规定，企业销售业务至少应当关注下列风险："（1）销售政策和策略不当，市场预测不准确，销售渠道管理不当等，可能导致销售不畅、库存积压、经营难以为继。（2）客户信用管理不到位，结算方式选择不当，账款回收不力等，可能导致销售款项不能收回或遭受欺诈。（3）销售过程存在舞弊行为，可能导致企业利益受损。"

这个指引将销售业务划分为销售风险、收款风险、舞弊风险，具体分析如下：

销售风险："销售政策和策略不当，市场预测不准确，销售渠道管理不当等"是风险因素，"可能导致销售不畅、库存积压、经营难以为继"既是风险事件，也是风险损害，而这种损害的发生，必然会影响销售目标的实现。

收款风险："客户信用管理不到位，结算方式选择不当，账款回收不力等"是风险因素，"可能导致销售款项不能收回或遭受欺诈"是风险事件，也是风险损害，而这种损害的发生，必然会影响销售收款目标的实现。

舞弊风险："销售过程存在舞弊行为"既是风险因素，也是风险事件，"可能导致企业利益受损"是风险损害，而这种损害的发生，必然会影响舞弊控制目标的实现。

总体来说，本章提出的风险理论框架能解释这些内部控制指引中的风险相关内容。

五、结论和启示

内部控制的控制内容是内部控制构建和实施的重要问题。现有文献基本认同内部控制的控制内容是风险，但是，对于风险的一些基础性问题尚缺乏研究。本章阐释这些基础性问题，提出一个内部控制内容的理论框架。

内部控制的控制内容是风险。风险本质的损害论和目标偏差论具有实质上的同一性，综合起来，风险就是在一些因素的作用下，导致特定事项给特定组织带来损害或造成该组织特定目标偏差的不确定性。风险包括风险因素、风险事件、风险损害和目标偏差四要素，它们构成一个因果关系链。风险具有客观性、不确定性、损害性、可控性这些特征。风险可以从多种角度进行分类，从而出现不同的风险分类体系，按对组织的影响方向，风险可以分为纯粹风险和机会风险；按影响范围，风险可以划分为系统性风险和非系统性风险；按产生的主要原因，风险可以分为自然风险、社会风险、政治风险、经济风险、技术风险。

本章的研究再次启发我们，不谋全局，不足以谋一域，对于风险的认识，如果不置于内部控制各主要基本问题的背景来考察，可以得出不恰当的结论，使得风险的研究与内部控制其他元素的研究脱节。同时，本章的研究使我们认识到，内部控制包含的内容是博大精深的，仅就风险而言，其知识体系就相当庞杂，目前，风险的研究主要是在各个特定的领域内进行，尚没有一般性的风险理论及知识体系。

参考文献

郑韫瑜，余跃年，风险理论［M］.上海科学技术出版社，1995。

邹辉文，陈德棉，关于风险的若干问题及其在风险投资中的作用［J］，同济大学学报，2002，30（9）：1145—1151。

风险社会，（德）贝克（Beck，U.），译林出版社，2004年。

郭晓亭，蒲勇健，林略，风险概念及其数量刻画［J］，数量经济技术经济研究，2004，2：111—115。

刘钧，风险管理概论［M］，清华大学出版社，2008 年。

弗兰克，风险、不确定性与利润［M］，商务印书馆，2006。

郑石桥，徐国强，论融入管理体系中的内部控制设计［C］，中国会计学会内部控制专业委员会 2009 内部控制专题学术研讨会论文集，2009 年 4 月。

樊行健，肖光红，关于企业内部控制本质与概念的理论反思［J］，会计研究，2014，（2）：4—11。

何九妹，从法约尔的五职能理论浅谈内部控制的范围［J］，会计之友，2010，（9）：64—65。

白华，郑晓晓，内部控制：制度抑或系统［J］？中国注册会计师，2011，（1）：98—101。

白华，内部控制、公司治理与风险管理——一个职能论的视角［J］，经济学家，2012，（3）：46—54。

丁友刚，胡兴国，内部控制、风险控制与风险管理——基于组织目标的概念解说与思想演进［J］，会计研究，2007，（12）：51—54。

戴文涛，内部控制学科体系构建［J］，审计与经济研究，2010，（3）：80—86。

李桦，周曙光，内部控制理论演进视角下内部控制本质研究［J］，财会通讯，2011，（2）：99—100。

杨兴龙，孙芳城，陈丽蓉，内部控制与免疫系统：基于功能分析法的思考［J］，会计研究，2013，（3）：65—71。

郑石桥，内部控制本质：理论框架和例证分析［W］，南京审计大学工作研究论文，2017。

黄飞，风险管理本质概论［J］，科学管理研究，1987，（10）：

41—45。

谢志刚，周晶，重新认识风险这个概念［J］，保险研究，2013，（2）：101—108。

冯中圣，金融风险：内涵、分类和防范［J］，宏观经济管理，1997，（10）：43—46。

孙焓炜，公共财政风险及防范研究综述［J］，理论月刊，2011，（12）：88—91。

4. 内部控制目标：理论框架和例证分析

【内容摘要】基于内部控制是组织内部建立和实施的风险应对机制这种认知，本章提出一个关于内部控制目标的一般性的理论框架。内部控制目标是组织希望通过内部控制活动得到的结果，包括两个维度，一是预期对哪些风险进行控制，二是预期将这些风险控制到什么程度，前者称为内部控制目标的范围，后者称为内部控制目标的达成程度。组织内部的不同控制主体，都有自己特定的内部控制目标，形成一个内部控制目标体系。对于特定组织或控制主体来说，内部控制目标受到多种因素的影响，所以，内部控制目标呈现差异化和动态性。

一、引言

内部控制目标是组织希望通过内部控制活动得到的结果，它是任何一个组织开展内部控制活动的起点，也为该组织开展内部控制活动指明了方向。不同的内部控制目标选择，会有不同的内部控制制度之建构，也会产生不同的内部控制效率效果。所以，内部控制目标是内部控制的一个重要的基础性问题。

关于内部控制目标有不少的研究文献，形成了并行论和分层论两类观点，然而，总体来说，关于内部控制目标还有一些重要问题缺乏理论解释。本章以现有研究为基础，拟提出一个关于内部控制目标的一般性的理论框架。

本章随后的内容安排如下：首先是一个简要的文献综述，梳理内部控制目标相关文献；在此基础上，基于内部控制是组织内部建立和实施的风险应对机制这种认知，以企业组织和非企业组织为背景，提出一个关于内部控制目标的一般性的理论框架；然后，用这个理论框架来解释内部控制目标的变迁，以一定程度上验证这个理论框架；最后是结论和启示。

二、文献综述

关于内部控制目标有不少的研究文献，也形成了多种观点，这些观点综合起来，大致可以分为两类，一是并行论，二是分层论，并行论提出了几个并行的内部控制目标，而分层论则认为内部控制目标是分层级的，首先是总目标，然后对这个总目标分解形成具体目标。

并行论的典型代表是 COSO 报告（1992）确定的内部控制三大目标：营运效率效果目标、财务报告真实性目标、法律法规遵循性目标。我国的《企业内部控制基本规范》确定的法律法规遵循性目标、资产安全目标、财务报告及相关信息真实完整目标、营运效率效果目标、战略目标，我国《行政事业单位内部控制规范（试行）》确定的经济活动合法合规、资产安全和使用有效、财务信息真实完整、有效防范舞弊和预防腐败、提高公共服务的效率和效果，都属于并行论。此外，还有一些研究性文献提出一些属于并行论的观点。阎达五、杨有红（2001）将内部控制目标分为合规经营目标和效益性目标。李培根（2003）认为内部控制目标分为五个方面：确保组织目标的有效实现，服从政策、程序、规则和法律法规，经济且有效地利用组织资源，确保信息的质量，有效保护组织的资源。李连华（2005）将内部控制目标分为三类：会计信息真实可靠，企业资产安全，营运效率提高。周密、金治中（2006）认为，企业内部控制目标包括两个方面，一是降低企业内部的交易成本，二是弥补企业契约的不完备性。杨雄胜（2006）认为，内部控制目标包括三个方面："在组织内部，努力形成一种积极演化的机制；在组织与环境的结合上，努力把组织建设成一个生态系统；在整个社会中，努力使组织成为整个社会规则的主导者，提高组织的影响力。"林钟高、唐亮（2008）将内部控制目标分为战略目标、经营目标和合规性目标。

不少的文献主张分层论。赵保卿（2005）提出，实现企业价值最大化是内部控制目标，而这个目标需要在企业价值链中进行分解。林钟高、王书珍（2006）提出，内部控制目标总目标是企业价值最大化，这个总目标在不同控制主体有不同的具体形式。丁友刚、胡兴国（2007）认为，内部控制目标是通过保证内部各层级委托代理关系中代理人信托责任的履行，进而保证组织目标的实现。李永峰（2008）提出，内部控制目标具有严格的层次性，第一层次目标是防弊纠错，第二层次目标是保证法律法规的遵照执行，第三层次目标是提高单位效益和效率；第四层次的目标是完善公司治理。高强（2009）等认为，内部控制目标是企业效率最大化，这个目标需要在内部不同领域进行具体化。蒋宗良（2010）认为，任何组织的控制目标，总是和其管理目标相一致，并且需要分解为一系列相关的具体目标。王炼（2011）认为，内部控制目标应与企业目标一致，同时，还需要分解为不同的层级，经营效率效果是内部控制的核心目标，财务报告可靠性是内部控制的重要目标，遵循性是内部控制的基本目标。水会莉（2012）认为，控制决策价值偏差是内部控制的总目标，分解为目标控制、合规控制、管理控制、信息系统控制四个层次的具体目标。刘霞（2013）认为，内部控制应与企业目标一致，都是要实现企业资源的优化配置，经济性、效果性和效率性是控制目标的具体表现形式。

现有文献为我们认知内部控制目标奠定了良好的基础，然而，关于内部控制目标还有一些重要问题缺乏理论解释。第一，现有文献主要关注企业内部控制目标，对于非企业组织的内部控制目标关注很少，所以，缺乏一个能解释各类组织的内部控制目标的一般性的理论框架；第二，对于内部控制目标达成程度缺乏关注；第三，对于内部控制目标差异化及变迁缺乏关注；第四，对于内部控制不同层级的内部控制目标缺乏关注。此外，一些文献未能联系内部控制本质来研究内部控制目标。本章以现有研究为基础，拟解决上述问题，提出一个关于内部控制目标的一般性的理论框架。

三、理论框架

目标是对特定活动预期结果的主观设想，是在头脑中形成的一种主观意识或期望，是特定活动的预期目的，为该特定活动指明方向。内部控制目标是组织希望通过内部控制活动得到的结果，它为本组织开展内部控制活动指明了方向。一般来说，内部控制目标包括两个维度，一是预期对哪些风险进行控制，二是预期将这些风险控制到什么程度，前者称为内部控制目标的范围，后者称为内部控制目标的达成程度。此外，组织内部的不同控制主体，都有自己特定的内部控制目标，形成一个内部控制目标体系。还有，对于特定的组织或控制主体来说，内部控制目标受到多种因素的影响，所以，内部控制目标呈现差异化和动态性。下面，对上述问题做进一步的阐释，这些阐释就形成了内部控制目标的理论框架。

（一）内部控制目标的范围：内部控制的总目标和具体目标

从本质上来说，内部控制是组织内部建立和实施的风险应对机制。所以，无论何种组织，内部控制的建立和实施应该是为了抑制风险对组织的负面影响，要么是预防风险，使风险不对本组织发生负面影响，要么是降低风险对组织的负面影响程度。所以，抑制风险对组织的负面影响，应该是内部控制的总目标。内部控制的这个总目标是针对全部风险总体而言的，并不涉及特定的风险。

然而，任何一个组织的资源都是有限的，同时，不同的风险对组织的负面影响也是不同的，更为重要的是，组织的管理层对于不同风险的感知也是不同的，所以，任何一个组织不可能对于所有的风险都纳入正式制度的控制范围，而会有所选择，对于有些风险予以控制，而对于另外一些风险则不建立正式的控制制度。正是这种选择，就使得对组织有负面影响的风险一分为二，一部分纳入了控制范围，另外一部分没有纳入控制范围。在这种情形下，对于纳入控制范围的风险，就形成了预期控制目标，而对于没有纳入控制范围的风险，也就不可能有预期的控制目标，这就形成了内部控制目标的范围。

不同的风险有不同的特征，会发生在不同的环节，需要有针对性的应对，同时，需要不同的控制主体来控制，所以，对于纳入控制范围的风险，需要进行分类，这就形成了针对不同风险的控制目标，这就是内部控制总目标在不同领域的风险中的体现，可以称为具体控制目标。内部控制的这种具体目标一定是针对特定风险的，而不是泛泛而论的，也可以说，是内部控制抑制风险这个总目标在特定风险的具体化。

本章前面的文献综述中提到的控制目标的分层论，一些也将内部控制目标分为总目标和具体目标，就目标体系来说，与本章的思路一致，但是，这些文献确定的内部控制总目标与本章不同，例如，企业价值最大化、企业效率是大化、企业目标最大化，都不是内部控制所能达到的，这些都是企业的目标，内部控制总目标要服务企业目标，只能从特有的角度来服务于企业目标，这个独特的角度就是抑制风险。

本章前面的文献综述中提到的控制目标的并行论所确定的不同的内部控制目标，事实上就是本章界定的内部控制具体目标，是不同的风险领域的内部控制目标。例如，我国的《企业内部控制基本规范》确定的内部控制目标是法律法规遵循性、资产安全、财务报告及相关信息真实完整、营运效率效果和战略目标，根据这种内部控制目标定位，事实上是在企业的全部风险中，主要关注五大风险领域：合规风险、资产安全风险、信息真实完整风险、营运效率效果风险和战略风险。很显然，除了上述风险，还有一些风险并未纳入到其关注范围，例如，债务过度风险、资金短缺风险、投资过度风险这些都是对企业有负面影响的风险，环境风险、社会责任风险等都可能对组织有负面影响，《企业内部控制基本规范》都未关注。作为企业通用的内部控制规范的这种选择并不一定错误，在特定的时代，各类企业共同应该关注的风险应该是有重点的，所以，内部控制目标确定为上述五个方面。又如，我国《行政事业单位内部控制规范（试行）》确定的内部控制目标是经济活动合法合规、资产安全和使用有效、财务信息真实完整、有效防范舞弊和预防腐败、提高公共服务的效率和效果，根据这种内部控制目标定位，事实上是在行政事业单位的全部风险中，主要关注五大风险领域：合规风险、资产安全风险、信息真实完整风险、舞弊和腐败风险、公共服务效率效果风险。很显然，对于行政事业单位来说，还有一些风险纳入这些控制目标关注的范围，例如，人力资源招聘风险、物业风险、用人风险、业务活动风险等，上述纳入控制范围的风险构成内部控制目标的五个方面，这是风险控制总目标在不同风险领域的具体体现，是具体控制目标。

（二）内部控制目标达成程度：不同达成程度的选择

内部控制目标界定除了有明确的控制目标所关注的范围，还有一个重要的维度，就是目标的达成程度。对于确定的内部控制目标范围，以何种程度来达成这些目标呢？例如，《企业内部控制基本规范》确定的内部控制目标之一是法律法规遵循性，那么，企业对相关的法律法规遵循到何种程度呢？一般来说，这个遵循程度不可能达到100%，其原因有两个方面，一是技术性不具有可能性，企业涉及的法律法规很多，如果有100%地遵循，必须建立和实施非常严密的控制系统，而人是有限理性的，可能在制度建立或制度实施过程中存在遗漏或错误，从而对一些违规行为不能及时地防范；二是不符合成本效益原则，即使对某些违规行为有防范技术，但是，这种防范的成本大于因为这些违规行为带来的损失，对于企业来说，防范这种违规风险并不符合成本效益原则。所以，上述两个方面综合起来，企业对于有些违规风险可能不进行专门防范，而是采取风险承受策略，这就说明，企业必须容忍一定的违规风险。所以，法律法规遵循性这个目标不能100%地达成。合规性目标是如此，其他各项内部控制目标也都如此。企业的内部控制目标不能100%地达成，非企业组织的内部控制目标也是如此，不能100%地达成。

那么，内部控制目标要在何种程度达成呢？一般来说，由于风险对本组织会带来负面影响，所以，只要符合成本效益原则，任何一个组织希望将风险对本组织的影响抑制到最低程度。但是，这只是本组织的一厢情愿，有些风险并不是本组织能控制，或者是本组织对有些风险的影响力是较小的，所以，究竟将风险控制到何种程度，或者说内部控制目标要达成何种程度，除了基于成本效益的考虑，更为重要的是要基于本组织对这些风险的控制能力，控制能力越强，则本组织越是能有效地控制这些风险，从而既定的内部控制目标达成程度也就越高，对于本组织难以控制的风险，则本组织难以有效地应对这些风险，从而需要确定的内部控制目标达成程度也就较低。本章将上述思路称为可控制性原则。

一般来说，如果本组织对某类风险的控制能力较强，并且符合成本效益原则，通常将控制目标的达成程度确定为合理保证（reasonable assurance），这种目标达成程度是很高，但非100%。至于不能将控制目标达成程度确定为合理保证的特定风险，其控制目标达成程度并无统一的要求，通常要视本组织对该类风险的控制能力并考虑成本效益，控制能力越强，目标达成程度越是可以高些。

例如，我国《企业内部控制基本规范》确定的内部控制目标达成程度如表1所示，不同的控制目标所确定的达成程度不同，法律法规遵循性、资产安全、信息真实完整的达成程度都是合理保证，而营运效率效果目标的达成程度是提高，战略目标的达成程度则是促进。

表1 《企业内部控制基本规范》确定的内部控制目标达成程度

项目		内部目标范围（关注的风险领域）				
		法律法规遵循	资产安全	信息真实完整	营运效率效果	战略目标
目标达成程度	合理保证	★	★	★		
	提高				★	
	促进					★
★表示有这种控制目标						

很显然，对不同的内部控制目标，对其达成程度的要求不同。其原因是什么呢？本章前面提出的成本效益原则和可控制性原则能解释这种不同的选择。对于特定的组织来说，法律法规遵循性、资产安全、信息真实完整这三个目标，其风险事件主要来源于本组织内部，所以，本组织对于这些风险的控制能力较强，凡是符合成本

效益原则的风险控制，都可以实施，所以，这三类控制目标的达成程度确定为高水平的"合理保证"。影响营运效率效果目标的风险事件或风险因素，许多来源于本组织外部，并且是因素繁多，本组织对这些风险的可控性并不强，所以，如果本组织要合理保证达到这种目标，技术上并不具有可行性，或者是不符合成本效益原则，因此，其目标达成程度确定为"提高"。至于战略目标，影响的风险更多，本组织的控制能力更加弱化，其目标达成程度确定为"促进"。很显然，"促进"的保证程度低于"提高"，而"提高""促进"的保证程度都低于"合理保证"。

（三）内部控制目标体系：控制具体目标和控制主体的关联

以上分析了内部控制总目标和具体目标及具体目标的达成程度之影响因素，总目标和具体目标已经表明内部控制目标是分层级的，形成一个目标体系。然而，内部控制目标需要不同层级的内部控制主体来实现，所以，还需要将控制目标与控制主体联系起来，进一步描绘对内部控制目标体系。

任何组织都有一定的科层，都是科层组织，组织内部的每个科层都是一个组织，都会有对其形成负面影响的不确定性事项，所以，都需要建立和实施风险应对机制，这个风险应对机制对于所要应对的风险也会有所选择，并不是将全部风险都纳入控制目标的范围，而是有所选择，并对形成不同的风险领域予以关注，这就形成了各个科层的内部控制具体目标，其基本情况如表2所示。

表2　基于控制主体的控制具体目标体系

项目		控制具体目标的范围（关注的风险领域）				
		A	B	C	D	…
控制主体（科层）	第一层级	★	★	★	★	★
	第二层级	★	★	★	★	★
	…	★	★	★	★	★
	普通岗位	★	★	★	★	★
★表示可能有这种控制具体目标						

每个科层关注的风险领域，有两种情形，一是上级科层的目标传导，凡是上级科层关注的风险领域，下级科层组织都要纳入其内部控制目标范围；二是本科层特别关注的风险领域，对于上级科层未予关注或未重点关注，但是本级科层很重要的风险领域，也应该纳入为本科层的内部控制目标范围。

（四）内部控制目标差异化和动态性：内部控制目标选择的影响因素

内部控制目标差异化表现为不同组织的内部控制目标不同，内部控制目标动态性表现为同一组织的内部控制目标在不同时期不同。这种控制目标差异化和动态性体现在两个维度，一是具体目标的范围不同，二是具体目标的实现程度不同。本章前面的内容中已经分析了影响目标实现程度之选择的两个原因，一是成本效益原则，二是可控性原则。下面，我们来分析具体目标的范围不同之原因。

分析内部控制具体目标的范围的差异化和动态性，事实上是需要搞清楚影响其差异化和动态性的因素，正是由于这种因素呈现了差异化和动态性，内部控制具体目标才会呈现差异化和动态性。那么，影响内部控制具体目标差异化和动态性的因素有哪些呢？主要的原因是内部控制需求，包括来自于外部驱动因素形成的需求和内在需求因素形成的需求。一般来说，控制主体感知到的某种风险给本组织带来的负面影响越大，则该类风险越是会纳入内部控制目标的范围；同时，随着外部内部控制需求和内在内部控制需求的变化，或者是内部控制主体对内部控制需求感知的变化，则风险的地位也会发生变化，从而纳入内部控制目标的风险也会发生变化。当然，影响内部控制需求的外在驱动因素和内在因素较多，进而也就决定影响内部控制具体目标范围的差异化和动态性的因素也较多，这里不详细讨论。

四、例证分析

本章以上提出了一个关于内部控制目标的一般性的理论框架，然而，这个理论框架是否正确呢？理论的生命力在于其解释现实世界的能力，下面，用这个理论框架来分析权威机构对内部控制目标的界定，以一定程度上验证这个理论框架的解释力。

历史上有一些权威机构对内部控制进行过界定，这些界定了包括了内部控制目标，主要包括：

（1）著名的《柯氏会计辞典》（Kohler's Dictionary for Accountant）对内部牵制的界定是，"内部牵制是为提供有效的组织和经营并防止错误和其他非法业务发生而制定的业务流程"。

（2）AICPA 下属审计程序委员会于 1949 年发表了题为《内部控制——一种协调制度要素及其对管理当局和独立审计人员的重要性》的专题报告，对内部控制首次做出了如下权威定义："内部控制包括组织的组成结构及该组织为保护其财产安全、检查其会计资料的准确性和可靠性，提高经营效率，保证既定的管理政策得以实施而采取的所有方法和措施。"

（3）AICPA 所属审计程序委员会于 1953 年发布《审计程序公告第 19 号》（SAPNo. 19），对内部控制作了如下划分："广义地说，内部控制按其特点划分为会计控制和管理控制；a. 会计控制由组织计划和所有保护资产、保护会计记录可靠性或与此有关的方法和程序构成；b. 管理控制由组织计划和所有为提高经营效率、保证管理部门所制定的各项政策得到贯彻执行或与此直接有关的方法和程序构成。"

（4）审计准则委员会于 1988 年发布第 55 号《审计准则公告》，提出"内部控制结构"这一概念，该准则规定，内部控制结构是指，"为了对实现特定公司目标提供合理保证而建立的一系列政策和程序的有机总体，包括控制环境、会计系统及控制程序"。

（5）1992 年的 COSO 报告内部控制的定义是，"内部控制是由组织董事会、管理当局和其他员工实施的，旨在为确保经营的效率和效果、财务报告的可靠性以及对现行法规的遵循提供合理保证的过程"。

（6）2013 年的 COSO 报告对内部控制的定义是，"内部控制是由组织的董事会、管理阶层及其他人员实施的，用来为经营效率效果、可靠的报告及遵守相关法令提供合理保障的一个过程"。

上述这些内部控制权定义中包括的内部控制目标归纳起来如表 3 所示。

表3　权威机构对内部控制目标的界定

来源	控制具体目标	对目标达成的保证程度
《柯氏会计辞典》	有效的组织和经营	有效的，但未明确程度
	防止错误和其他非法业务发生	防止，但未明确程度
审计程序委员会1949年发表《内部控制——一种协调制度要素及其对管理当局和独立审计人员的重要性》	保护其财产安全	保护，但未明确程度
	检查其会计资料的准确性和可靠性	检查，但未明确程度
	提高经营效率	提高，但未明确程度
	保证既定的管理政策得以实施	保证，但未明确程度
审计程序委员会1953年发布《审计程序公告第19号》	保护资产	保护，但未明确程度
	保护会计记录可靠性	保护，但未明确程度
	提高经营效率	提高，但未明确程度
	保证各项政策得到贯彻执行	保证，但未明确程度
审计准则委员会1988年发布第会55号《审计准则公告》	实施特定公司目标	合理保证
1992年的COSO报告	确保经营的效率和效果	合理保证
	确保财务报告的可靠性	合理保证
	确保对现行法规的遵循	合理保证
2013年的COSO报告	经营效率效果	合理保证
	可靠的报告	合理保证
	遵守相关法令	合理保证

　　表3表明，权威机构对内部控制目标的界定包括两个方面，一是内部控制具体目标，事实上也就是确定关注哪些领域的风险；二是在审计准则委员会1988年发布第55号《审计准则公告》之后，明确内部控制目标界定了内部控制目标的达成程度，都是"合理保证"。从明确目标达成程度这些解说来说，这是内部控制目标界定

的进步，但是，将"特定公司目标"及"经营效率效果"这些目标的达成程度确定为"合理保证"，似乎过高估计了内部控制的力量，这些目标受到外部许多因素的影响，内部控制对于许多的因素并没有掌控力，只能施加一定的影响，所以，不宜将目标确定为"合理保证"，我国的《企业内部控制基本规范》将经营效率效果目标达成程度确定为"提高"，将战略目标确定为"促进"，这种定位是合适的。总体来说，本章提出的内部控制目标的理论框架能解释权威机构对内部控制目标的界定。

五、结论和启示

内部控制目标是内部控制的一个重要的基础性问题。内部控制目标是任何一个组织开展内部控制活动的起点，也为该组织开展内部控制活动指明了方向。不同的内部控制目标选择，也会产生不同的内部控制效率效果。

本章基于内部控制是组织内部建立和实施的风险应对机制这种认知，提出一个关于内部控制目标的一般性的理论框架。内部控制目标是组织希望通过内部控制活动得到的结果，包括两个维度，一是预期对哪些风险进行控制，二是预期将这些风险控制到什么程度，前者称为内部控制目标的范围，后者称为内部控制目标的达成程度。影响内部控制目标范围的主要因素是内部控制需求，内部控制需求本身又受到许多因素的影响。影响内部控制目标达成程度的因素主要是成本效益原则和可控性原则。组织内部的不同控制主体，都有自己特定的内部控制目标，形成一个内部控制目标体系。

对于特定组织或控制主体来说，内部控制目标受到多种因素的影响，所以，内部控制目标呈现差异化和动态性。

本章的研究启示我们，内部控制目标具有可变性，不同的组织可能根据自己的特征对内部控制目标做出选择，一是控制目标的维度具有可选择性，二是控制目标的达成程度具有可选择性，通过内部控制目标的个性化选择，做到内部控制具有针对性，从而更好地为本组织抑制风险带来的负面影响。

参考文献

阎达五，杨有红，内部控制框架的构建 [J]，会计研究，2001，（12）：9—14.

李培根，内部控制目标及其实现途径 [J]，兰州大学学报（社会科学版），2003，（5）：108—111。

李连华，公司治理结构与内部控制的链接与互动 [J]，会计研究，2005，（2）：64—69。

周密，金治中，论内部控制制度的经济学功能 [J]，求索，2006，（9）：31—33。

杨雄胜，内部控制的性质与目标：来自演化经济学的观点 [J]，会计研究，2006，（11）：45—52。

林钟高，唐亮，论内部控制目标导向：基于审计与管理视角的研究 [J]，会计之友，2008，（4）：12—15。

赵保卿，基于价值链管理的内部控制及目标定位 [J]，北京工商大学学报（社会科学版），2005，（5）：42—46。

林钟高，王书珍，论内部控制与企业价值 [J]，财贸研究，

2006，（5）：117—122。

丁友刚，胡兴国，内部控制、风险控制与风险管理——基于组织目标的概念解说与思想演进［J］，会计研究，2007，（12）：51—54。

李永峰，内部控制目标的新思考［J］，财会研究，2008，（3）：57—59。

高强，王志永，李秀莲，张旭丽，单一生产功能企业内部控制目标定位及其实施［J］，财会通讯，2009，（8）：97—98。

蒋宗良，内部控制目标具体化与应用分析［J］，财会通讯，2010，（5）：100—101。

王炼，内部控制目标及其层次分析研究［J］，财会通讯，2011，（9）：106—107。

水会莉，基于价值创造导向的内部控制目标体系研究［J］，会计之友，2012，（9）：106—108。

刘霞，基于资源优化配置的内部控制目标体系［J］，中国内部审计，2013，（11）：16—21。

5. 内部控制主体：理论框架和例证分析

【内容摘要】内部控制主体是组织内部建设和实施内部控制的责任主体。按组织层级，内部控制主体包括高层主体、中层主体、基层主体、内部控制建设职能部门和内部控制评价职能部门。按内部控制环节，内部控制主体包括建立主体、执行主体、评价主体和整改主体。高层主体和中层主体在内部控制各环节都要承担责任。基层主体在内部控制执行、内部控制评价这些环节要承担责任。内部控制建设职能部门在内部控制建立和内部控制整改这两个环节承担责任。内部控制建设评价职能部门的主要责任是对内部控制评价并推动内部控制缺陷整改。内部控制主体在不同的内部控制环节履行责任都需要具备相应的专业胜任能力。内部控制的建立和实施需要相应的激励约束机制引导各层级责任主体履行其内部控制责任。

一、引言

内部控制是组织内部建立和实施的风险应对机制，那么，组织内部谁来建立和实施内部控制呢？答案是内部控制主体负责建立和实施风险应对机制。所以，内部控制主体也就是组织内部建设和实施内部控制的责任主体。很显然，内部控制主体是内部控制效率效果的重要因素，没有适宜的内部控制主体，组织内部就不可能真正地建立和实施风险应对机制。

现有文献对内部控制主体的研究较为缺乏，少量文献涉及内部控制主体的界定、类型及内部控制责任的划分，但是，内部控制主体的专业胜任能力及激励约束机制基本上没有文献涉及。本章拟在现有文献的基础上，对这些问题做些基础性探索。

随后的内容安排如下：首先是一个简要的文献综述，梳理内部控制主体相关文献；在此基础上，提出一个内部控制主体的简要理论框架；然后，用这个理论框架来分析内部控制主体相关的若干例证，以一定程度上验证这个理论框架的解释力；最后是结论和启示。

二、文献综述

直接研究内部控制主体的文献不多，主要涉及内部控制主体的界定和类型，也有少量文献涉及各内部控制责任的划分。

关于内部控制主体的界定，郑石桥、周永麟和刘华（2000）及郑石桥（2008）认为，内部控制主体就是内部控制的施控者，是指谁来进行内部控制，控制主体也是区分内部控制与外部控制的标志；李明辉（2003）认为，内部主体就是内部控制责任主体；王星宇（2003）认为，人既是内部控制的主体，也是内部控制的客体；张伟（2009）认为，内部控制的行为主体是内部控制活动的有效实施者；张庆龙（2012）认为，内部控制主体，不仅包括组织内部负责执行政策的执行人员和组织，而且包括内部审计组织与外部监督的审计组织；赵建凤（2013）认为，内部控制行为主体是内部控制活动的参与者。总体来说，除张庆龙认为内部控制主体包括外部审计组织之外，其他观点都认为，内部控制主体是组织内部和人或组织。COSO(2013)指出，组织中的每一个人都对内部控制负有责任。

关于内部控制主体的类型，郑石桥、周永麟、刘华（2000）及郑石桥（2008）将内部控制主体分为高层控制主体、中层控制主体和基层控制主体；李明辉（2003）认为，管理当局是内部控制责任主体；王星宇（2003）分为管理层和员工；张伟（2009）分为领导层、管理层、执行层三种类型；张庆龙（2012）、刘永泽、况玉书（2015）分为设计主体、执行主体与评价主体；COSO（2013）分为董事会、管理层、内部审计师及其他人员四种类型。总体来说，有两种分类视角，一是从控制主体的组织层级来分类，二是从内部控制环节来分类。

少量文献涉及内部控制责任的划分，李明辉（2003）认为，管理当局是内部控制责任主体，事实上是将内部控制的主要责任都划分到管理当局头上；张庆龙（2012）、刘永泽、况玉书（2015）将内部控制主体分为设计主体、执行主体与评价主体，事实上已经涉及到各主体的责任划分；COSO（2013）认为，"管理层对内部控制负有全面的责任，董事会指导和监控管理层的工作，内部审计师在评价和维护内部控制有效性方面发挥作用，所有人都应该执行内部控制并有责任向上汇报沟通组织中的问题，汇报违反行为准则的情况，以及违反政策或法律的行为。"

综合上述三方面的文献，可以发现，内部控制主体的研究较为缺乏，特别是内部控制主体的专业胜任能力、内部控制主体的激励约束机制基本上没有文献涉及。本章拟在现有文献的基础上，对这些问题做些基础性探索。

三、理论框架

内部控制主体是组织内部建设和实施内部控制的责任主体，这种主体要有效地履行其内部控制责任，其本身必须有三个条件，一是明确的责任划分，二是具备恰当的专业胜任能力，三是恰当的激励约束机制，责任划分确定了应该干些什么，专业胜任能力决定了能干些什么，而激励约束机制决定了是否愿意干些什么，三者结合起来，能促进内部控制主体有效地履行其内部控制责任。本文的理论框架聚焦上述三个问题。

（一）内部控制责任主体的类型及责任划分

COSO（2013）指出，组织中的每一个人都对内部控制负有责任。但是，每个责任者的责任是不同的，而责任不同的原因是其组织层级不同以及在内部控制不同环节承担的责任不同。对于内部控制责任者可以按不同的视角进行分类，本章前面的文献综述已经列示了多种分类方法。从有效地履行内部控制责任出发，本章从两种视角对内部控制责任主体进行分类，一是按组织层级分类，二是按内部控制环节分类。

从组织层级来说，内部控制责任主体基本上可以分为高层主体、中层主体和基层主体三个层级，高层主体位于一个组织内部的高层，一般包括本组织副职以上的全部领导；中层主体位于一个组织内部的中层，组织内部各单位、各部门的负责人都属于中层主体；基层主体位于一个组织内部的基层，包括高层主体和中层主体之外的其他全部员工。上述三个层级是任何一个组织的内部控制责任主体的主要组成部分。然而，内部控制的建立和实施是一项持续且具有专业性的工作，一般来说，稍具规模的组织，还设立有两类内部控制职能部门，第一，虽然内部控制建立和实施涉及全体员工，但是，需要有一个部门来负责组织协调这项工作，这个部门称为内部控制建设职能部门；第二，内部控制要持续有效，建立进行内部独立评价，因此，需要有一个专门负责内部控制独立评价的部门，这个部门称为内部控制评价职能部门。一般来说，为了保持内部控制评价职能部门的独立性，这个部门通常不宜与内部控制建设职能部门合并。从组织层级来说，这两个内部控制职能部门都属于中层主体，但是，由于其内部控制职责的特殊性，所以，需要作为独立的内部控制责任主体。总体来说，按组织层级，内部控制责任主体包括五类：高层主体、中层主体、基层主体、内部控制建设职能部门和内部控制评价职能部门。

从内部控制环节来说，内部控制建立和实施通常要包括四个基本环节：内部控制设计、内部控制执行、内部控制评价和内部控制整改，与此相适应，而这些不同的环节都需要有相应的主体，在这些环境履行职责的主体分别称为建立主体、执行主体、评价主体和整改主体，建立主体履行内部控制设计责任，执行主体履行内部控制执行责任，评价主体则履行内部控制责任，而整改主体则履行内部控制整改责任，四种主体共同形成完整的内部控制环节。

事实上，在内部控制的不同环节履行责任，也就是内部控制责任划分。那么，不同层级的内部控制责任主体，在内部控制的不同环节履行什么责任呢？不同的组织可能并无统一的模式，但是，一般来说，其基本情况如表1所示。下面，我们来说明这个表中的内部控制责任划分。

表 1　内部控制责任主体

项目		基于组织层级的责任主体高层				
		高层主体	中层主体	基层主体	内控建设职能部门	内控评价职能部门
基于内部控制环节的责任主体	建立主体	★	★	—	★	—
	执行主体	★	★	★	—	—
	评价主体	★	★	★	—	★
	整改主体	★	★	★	★	★
★表示有这种责任						

（1）高层主体的内部控制责任：高层主体由一个组织副职以上的领导组成，对于企业来说，这个主体包括董事会、监事会、经理班子，这三种主体，在内部控制的建立和实施中承担的职责不同。在内部控制建立方面，董事会要对内部控制进行总体规划和决策，并对内部控制的有效性承担最终责任，同时，对经理班子的内部控制职责履行进行检查；经理班子具体负责内部控制的建立和实施；监事会对董事会和经理班子的内部控制职责履行情况进行监督。所以，董事会、监事会、经理班子都是内部控制建立主体的组成部分。在内部控制执行方面，董事会、监事会、经理班子要做内部控制执行的带头人，自己要严格执行相关的内部控制制度。在内部控

制评价方面，这三个主体都要进行内部控制自我评价，对自身执行的内部控制进行评价，同时，三个主体还有责任支持内部控制评价职能部门的工作，经理班子还要组织本组织的内部控制自我评价，董事会要对内部控制评价承担最终责任。在内部控制整改方面，经理班子要承担主要责任，董事会对重大内部控制缺陷整改负责，监事会监督董事会和经理班子履行职责。

对于非企业组织来说，财政部颁布的《行政事业单位内部控制规范（试行）》规定，单位负责人对本单位内部控制的建立健全和有效实施负责。这里的单位负责人是指本单位的主要负责人，其在内部控制中承担的职责类似于企业的董事会、监事会、经理班子承担的内部控制职责。

此外，高层主体还要建立内部控制激励约束机制，调动各层级的主体建立和实施内部控制的积极性。总体来说，高层主体在内部控制各环节都要承担责任。

（2）中层主体的内部控制责任：中层主体是组织内部各单位、各部门的负责人，需要对本单位、本部门的内部控制的建立健全和有效实施负责，首先，要负责本单位、本部门的内部控制建立；其次，本人要带头执行本单位、本部门的内部控制，并监督检查本单位、本部门其他人员执行内部控制；再次，要组织本单位、本部门的内部控制自我评价；最后，还要负责本单位、本部门的内部控制缺陷整改。所以，总体来说，中层主体在内部控制各环节都要承担责任。

（3）基层主体的内部控制责任：基层主体一般是各岗位的普通员工，一般来说，这些员工并不需要对内部控制建立承担责任，但是，有责任执行本岗位相关的内部控制；同时，有责任对本岗位相关的内部控制进行自我评价，及时发现内部控制缺陷并报告上级；另外，还要责任协助对本岗位相关的内部控制缺陷进行整改。所以，总体来说，基层主体在内部控制执行、内部控制评价这些环节要承担责任。

（4）内部控制建设职能部门的内部控制责任：内部控制建设职能部门是组织内部负责组织协调内部控制建立和实施的职能部门，很显然，首先，这个部门要负责规划、指导、协调、检查组织内部各单位、各部门的内部控制建立；其次，这个部门还负有优化内部控制的职责，对于发现的内部控制缺陷，有责任推动缺陷整改。所以，总体来说，内部控制建设职能部门在内部控制建立和内部控制整改这两个环节承担责任。

（5）内部控制建设评价部门的内部控制责任：内部控制建设评价职能部门的主要责任是对内部控制建立和实施情况进行评价，寻找内部控制缺陷，并推动内部控制缺陷得到整改，财政部、证监会、审计署、银监会、保监会颁布的《企业内部控制评价指引》规定，企业可以授权内部审计部门或专门机构负责内部控制评价的具体组织实施工作。具体来说，内部控制建设评价职能部门的责任包括：一是组织和检查内部各单位、各单位的内部控制自我评价；二是独立地对内部各单位、各单位的内部控制进行评价；三是推动对发现的内部控制缺陷进行整改。

（二）内部控制责任主体的专业胜任能力

内部控制建立和实施通常要包括四个基本环节：内部控制设计、内部控制执行、内部控制评价和内部控制整改，内部控制主体在不同的内部控制环节履行其责任都需要具备相应的专业胜任能力，否则，无法有效地履行其承担的内部控制责任。

就内部控制建立来说，一方面要求识别和评价风险，另一方面，还要针对这些风险设计应对措施，为此，需要两个方面的专业胜任能力，一是内部控制相关的专业知识，包括内部控制基本原理及一些必要的操作技术；二是拟建立内部控制的业务领域的相关知识，没有这些知识，将无法识别风险，也无法设计有针对性的控制措施。一般来说，要建立有效的内部控制制度，上述内部控制相关的专业知识和业务领域的相关知识都要达到很高的程度。

就内部控制执行来说，就是在特定的岗位有效地应用已经设计好的内部控制，这需要两方面的知识，一是了解本岗位相关的业务知识，要求达到较高的程度；二是能准确地理解本岗位相关的内部控制设计。上述二者缺一不可，一方面，不了解本岗位相关的业务知识，将无法理解内部控制设计，另一方面，不能理解准确内部控制设计，即使了解本岗位相关的业务知识，也无法将已经设计的内部控制准确地应用。

就内部控制评价来说，有两种情形，一是执行内部控制的当事人进行的自我评价，二是由内部控制评价职能部门进行的独立评价。对于自我评价来说，需要的专业胜任能力与内部控制执行相同，一是本岗位相关的业务知识，二是能准确地理解本岗位相关的内部控制设计。同时，还需要掌握一定的内部控制自我评价知识和技术。对于内部控制独立评价来说，由于评价者本身并不执行内部控制，所以，需要专门的胜任能力，这些能力包括三个方面：一是内部控制及内部控制评价相关的专业知识，包括内部控制原理与技术、内部控制评价原理与技术；二是能准确地了解和理解所评价内部控制制度；三是内部控制所在业务领域的相关知识，没有这些业务知识，无法判断内部控制是否存在缺陷。此外，内部控制评价职能部门还需要指导内部控制执行者进行内部控制自我评价，所以，也需要掌握这方面的专业知识。

就内部控制整改来说，其关键内容是对内部控制缺陷进行修理，这需要非常熟悉相关的业务知识，不熟悉业务知识，就无法理解缺陷及相关的风险暴露，当然也就无法提出有效的措施。

另外，无论在内部控制的哪个环节履行责任，正确地理解相关的内部控制制度总是必须的。所以，这是一种通用的专业胜任能力。总体来说，以上所分析的内部控制各环节的专业胜任能力，归纳起来如表2所示。

表2 内部控制专业胜任能力

项目		内部控制环节			
		内部控制设计	内部控制执行	内部控制评价	内部控制整改
内部控制专业胜任能力	业务知识	★	★	★	★
	内部控制原理与技术	★	—	★	—
	内部评价原理与技术	—	—	★	—
	内部控制自我评价技术	—	★	★	—
	理解该内部控制制度	★	★	★	★
★表示需要这种专业胜任能力					

（三）内部控制责任主体的激励约束机制

激励约束是激励约束主体根据组织目标、人的行为规律，通过各种方式，去激发人的动力，使人有一股内在的动力和要求，迸发出积极性、主动性和创造性，朝着激励主体所期望的目标前进的过程。内部控制的建立和实施，作为一项专业性强且具有复杂性，并需要持续努力的工作，如果没有相应的激励约束机制，各层级的内部控制主体可能不会有效地履行其内部控制责任。为此，财政部、证监会、审计署、银监会、保监会颁布的《企业内部控制基本规范》规定，"应当建立内部控制实施的激励约束机制，将各责任单位和全体员工实施内部控制的情况纳入绩效考评体系，促进内部控制的有效实施"。内部控制激励约束机制的核心内容有两个方面，一是激励约束的主体和客体，二是激励约束机制的内容。

就内部控制激励约束的主体和客体来说，激励约束主体是激励约束的施加者，而激励约束客体则是激励约束的对象。通常，在一个组织内部，上一层级的内部控制主体是激励约束主体，其下属的内部控制主体则是激励约束客体。就前面提到的高层主体、中层主体和基层主体来说，高层主体是内部控制激励约束的主体，而中层主体和基层主体是其激励约束的客体，中层主体还是基层主体的激励约束主体。此外，内部控制建设职能部门和内部控制评价职能部门，在内部控制激励约束机制中也有重要作用，通常，内部控制建设职能部门是内部控制激励约束机制的直接操作者，而内部控制评价职能部门则提供内部控制评价相关的信息，用于内部控制激励约束机制。

就内部控制激励约束机制的内容来说，通常要包括两个方面，一是内部控制绩效评价，二是基于内部控制绩效的奖惩。内部控制绩效通常包括内部控制各环节的绩效，由内部控制建立绩效、内部控制执行绩效、内部控制自我评价绩效、内部控制独立评价结果及内部控制整改绩效五个方面的内容所组成，一般来说，内部控制自我评价绩效和内部控制独立评价结果由内部控制评价职能部门提供数据，其他方面的内部控制绩效信息则由内部控制建设职能部门自行获取信息。上述这些方面的内部控制绩效如何评价，通常需要有专门的内部控制绩效评价制度来规定。基于内部控制绩效的奖惩，也就是将内部控制绩效评价结果与内部控制责任主体的利益联系起来，凡是内部控制绩效好的，可以获得奖励，凡是内部控制绩效不好的，则要给予必要的惩罚，这种奖励或惩罚的力度，需要根据本组织对内部控制建立和实施的努力程度之需求而定，需求程度越高，基于内部控制绩效的奖惩力度越是要大些。

四、例证分析

本章以上分析了内部控制主体的三个基础性问题，提出了一个简要的理论框架，下面，用这个理论框架分析若干例证，以一定程度上验证这个理论框架的解释力。

（一）内部控制责任划分

中国保险监督管理委员会发布的《保险公司内部控制基本准则》规定，"内部控制的组织架构。保险公司应当建立由董事会负最终责任、管理层直接领导、内控职能部门统筹协调、内部审计部门检查监督、业务单位负首要责任的分工明确、路线清晰、相互协作、高效执行的内部控制组织体系"。

这个准则对保险公司董事会、管理层和业务单位的内部控制责任提出了原则性要求，规定了内部控制职能部门的统筹协调责任和内部审计部门的检查监督责任，还要求内部控制责任分工明确、路线清晰、相互协作。在《保险公司内部控制基本准则》的随后内容中，对上述责任主体的内部控制责任提出了进一步的明确要求。这个准则的规定与本章提出的内部控制责任划分的理论框架基本一致。

（二）内部控制建立和实施的专业胜任能力要求

财政部、证监会、审计署、银监会、保监会颁布的《企业内部控制基本规范》要求，企业建立与实施内部控制，应当遵循适应性原则，也就是说，"内部控制应当与企业经营规模、业务范围、竞争状况和风险水平等相适应，并随着情况的变化及时加以调整"。

财政部颁布的《行政事业单位内部控制规范（试行）》要求，单位建立与实施内部控制应当遵循适应性原则，也就是说，"内部控制应当符合国家有关规定和单位的实际情况，并随着外部环境的变化、单位经济活动的调整和管理要求的提高，不断修订和完善"。

财政部颁布的《行政事业单位内部控制规范（试行）》要求，"单位应当根据本规范建立适合本单位实际情况的内部控制体系，并组织实施。具体工作包括梳理单位各类经济活动的业务流程，明确业务环节，系统分析经济活动风险，确定风险点，选择风险应对策略，在此基础上根据国家有关规定建立健全单位各项内部管理制度并督促相关工作人员认真执行。"

上述这些权威规范对建立与实施内部控制的要求尽管有些区别，但是，共同的特点是，要求与本组织的特征相适应，这就要求，必须深度了解本组织的业务经营活动及相关环境因素，这是建立和实施内部控制的共性要求。这与本章的提出的内部控制专业胜任能力的理论框架相一致。

（三）内部控制评价的专业胜任能力要求

财政部、证监会、审计署、银监会、保监会颁布的《企业内部控制评价指引》第十四条规定，"评价工作组应当吸收企业内部相关机构熟悉情况的业务骨干参加"。

这个要求表明，内部控制评价需要掌握相关的业务知识，这与本章的提出的内部控制专业胜任能力的理论框架相一致。

（四）内部控制激励约束机制

中国石油化工股份有限公司建立了专门的《内部控制检查评价与考核办法》，设"内部控制执行情况"指标，实行"总部检查评价"和"单位自查评价"两级检查评价体制，"总部检查评价"包括"股份公司年度综合检查评价"和"审计部独立检查评价"。根据年度综合检查结果及执行情况，只扣不奖。高层管理人员业绩奖金考核：设2分、5分、10分三档；单位经营目标考核：设1分、2分、5分三档。公司内控办公室具体负责股份公司内部控制检查评价与考核工作的组织实施。

根据这个制度规定，内部控制激励约束的主体是股份公司，激励约束的客体是总部各部门和各子公公司，公司内控办公室具体负责激励约束机制的实施，审计部实施独立检查评价，内部控制检查评价的内容包括独立检查的"总部检查评价"和自我评价性质的"单位自查评价"。这些激励约束机制的要素与本章提出的内部控制激励约束机制的理论框架相一致。

五、结论和启示

内部控制主体是组织内部建设和实施内部控制的责任主体。很显然，内部控制主体是内部控制效率效果的重要因素，没有适宜的内部控制主体，组织内部就不可能真正地建立和实施风险应对机制。本章在现有研究的基础上，提出一个内部控制主体的简要理论框架。

内部控制主体是组织内部建设和实施内部控制的责任主体。按组织层级，内部控制主体包括高层主体、中层主体、基层主体、内部控制建设职能部门和内部控制评价职能部门。按内部控制环节，内部控制主体包括建立主体、执行主体、评价主体和整改主体。高层主体和中层主体在内部控制各环节都要承担责任。基层主体在内部控制执行、内部控制评价这些环节要承担责任。内部控制建设职能部门在内部控制建立和内部控制整改这两个环节承担责任。内部控制建设评价职能部门的主要责任是对内部控制评价并推动内部控制缺陷整改。内部控制主体在不同的内部控制环节履行责任都需要具备相应的专业胜任能力，一般来说，相关的业务知识是通用的要求。内部控制的建立和实施需要相应的激励约束机制引导各层级责任主体履行其内部控制责任，激励约束机制包括内部控制绩效评价和基于内部控制绩效的奖惩。

本章的研究启示我们，内部控制主体有相当丰富的内容，要履行好内部控制责任，并不是件容易的事，一方面要清楚且正确地划分各责任主体的责任，另一方面，各责任主体还必须具备必须的专业胜任能力，同时，还需要必要的激励约束机制来调动责任主任的积极性，上述三者缺一不可。

参考文献

郑石桥，周永麟，刘华，现代企业内部控制系统［M］，立信会计出版社，2000 年。

郑石桥，内部控制原理［M］，新疆科技出版社，2008 年。

李明辉，论内部控制的责任主体［J］，审计理论与实践，2003，（2）：17—19。

王星宇，论企业建立以人为本的内部控制问题［J］，江西社会科学，2003，（1）：127—130。

张伟，行为主体视角下内部控制失效防范刍议［J］，财会通讯，2009，（8）：94—95。

张庆龙，政府部门内部控制的主体、客体与构建原则［J］，中国内部审计，2012，（6）：22—25。

刘永泽，况玉书，我国政府内部控制：经验借鉴与体系构建[J]，南京审计学院学报，2015，（4）：3—11。

赵建凤，不同股权结构下内部控制行为主体的"动机选择"[J]，会计之友，2013，（3）：40—43。

6. 内部控制客体：理论框架和例证分析

【内容摘要】内部控制客体是内部控制措施所落实到的标的物及其组合，主要体现在在风险因素和风险损失这两个要素中，风险因素和风险损失可以具体化为交易、财产与实物、信息和人。交易及履行交易的各种行为是风险因素。财产是控制损失的承载者，实物可能是风险损失的承载者，也可能导致风险。信息及其相关行为可能是风险因素，信息也可能是风险承载者。人作为内部控制标的，既可能是风险因素，也可能是风险损失的承载者。交易、财产与实物、信息和人四者存在密切关系，共同组成交易循环或业务流程。

一、引言

内部控制是组织内部建立和实施的风险应对机制，很显然，控制内容就是风险或风险因素，控制主体是组织内部各层级的人员，然而，组织内部人员对于风险或风险因素的控制具体要落实到何种客体呢？如果内部控制措施无法落实到具体的客体，则内部控制也就成为无的放矢了。所以，内部控制客体是组织内部建立和实施的风险应对机制的重要事项。

少量文献涉及内部控制客体，但缺乏深度，更没有一个一般性的理论框架。本章拟以现有文献为基础，提出一个关于内部控制客体的理论框架。

本文随后的内容安排如下：首先是一个简要的文献综述，梳理内部控制客体相关文献，在此基础上，基于现有文献（郑石桥，2008；赵杰，郑石桥，2008），将控制客体分为具体标的和交易循环两个层级，提出一个简要的内部控制客体的理论框架；然后用这个理论框架来分析若干例证，以一定程度上验证这个理论框架；最后是结论和启示。

二、文献综述

鲜有专门研究内部控制客体的文献，一些研究内部控制的文献涉及到内部控制客体，这些文献大致分为两类，第一类是一般性地讨论内部控制客体的文献，第二类是讨论人作为内部控制客体的文献。

关于一般性地讨论内部控制客体的文献，郑石桥（2008）、赵杰、郑石桥（2008）认为，控制客体亦即控制对象，一般分为具体标的和交易循环两个层级，具体标的包括财产、交易和信息，交易循环是财产、交易和信息的有机组合。刘永泽、况玉书（2015）认为，对风险的控制更重要的是对风险源头的控制，政府内部控制客体是政府经济活动，控制对象是控制客体的具体化，包括资源获取、资源投入、资源使用和产出结果。周梦如（2015）认为，行政事业单位内部控制的客体应该是行政事业单位的经济活动。

关于讨论人作为内部控制客体的文献，王星宇（2003）认为，人既是内部控制的主体，也是内部控制的客体。吴小红（2004）认为，一个组织的所有参与者都有做出偏离共同利益的行为的可能，也没有谁能保证自己的行为总是正确的，内部控制的对象应当包括所有的成员。李闻一（2004）认为，每一个员工既是控制的主体又是控制的客体，既对其所负责的作业实施控制，又受到他人的控制和监督。王海兵、李文君（2010）认为，在传统的企业内部控制中，控制对象聚焦于各经济事项或业务流程，人本内部控制中，每个人都不同程度地监督他们并接受他人监督。刘晶（2013）认为，作为企业内部控制最重要的因素，人不仅是内部控制的主体，同时是内部控制的客体。李华丽、王瑞龙（2015）认为，每个人都是内部控制的对象，同时也是实施内部控制的主体。

总体来说，现有文献一定程度上涉及内部控制客体，但是，尚缺乏有深度的研究，更没有一般性的理论框架。本章以现有文献为基础，提出一个关于内部控制客体的理论框架。

三、理论框架

本章的目的是提出一个简要的关于内部控制客体的理论框架，需要阐释内部控制客体的几个基础性问题，首先是界定内部控制客体概念，并提出一个分类框架，本章分为控制标的和交易循环两个层级；在此基础上，分别阐释作为控制客体的控制标的和交易循环。

（一）内部控制客体的概念及分类

控制客体是内部控制措施所落实到的标的物及其组合，由于内部控制的控制内容是风险或风险因素，所以，这个标的物及其组合一定与风险或风险因素相关，这种相关性表现在两个方面，一是标的物及其组合本身是风险因素，控制这些标的物及其组合就能控制风险；二是标的物及其组合是风险损失的承载者，所以，针对抑制损失控制的措施，必须落实在这些风险损失的承载者上，在这种意义上，这些风险损失的承载者成为控制客体。一般来说，风险要素包括风险因素、风险事件、风险损失和目标偏离，上述四个风险要素中，哪些会成为控制客体呢？风险事件是风险因素导致的，要控制风险事件，必须控制风险因素，所以，风险事件不宜作为控制客体，而风险因素应该成为控制客体。风险损失导致目标偏离，风险损失是原因，则目标偏离是结果，要控制目标偏离，必须控制风险损失，所以，目标偏离不宜成为控制客体，而风险损失应该是控制客体。与此相关的问题是，风险损失是由风险事件导致的，而风险事件是由风险因素导致的，既然控制了风险因素，为什么还要控制风险损失呢？其中的原因是，风险因素固然通过风险事件作用于风险损失，但是，影响风险损失的，还有一些风险因素之外的因素，例如，财产保险，显然不会导致风险事件，但是，会影响风险损失，所以，将风险损失作为控制标的，主要是增加对一些风险因素之外但会影响风险损失的因素。基于以上分析，在风险的四要素中，内部控制客体主要体现在在风险因素和风险损失这两个要素中。

将内部控制客体界定为风险因素和风险损失，还过于抽象，需要进一步具体化。那么，作为内部控制客体的风险因素和风险损失如何具体化呢？一般来说，可以具体化为交易、财产与实物、信息和人这四种具体标的（郑石桥，2008；赵杰，郑石桥，2008），风险因素和风险损失都可以体现在上述四个标的，而这四个具体标的组合起来，则形成交易循环或业务流程，这是更高一层级的内部控制客体，也可以说是内部控制客体的组合。综合上述分析，内部控制客体如表 1 所示。

表 1　内部控制客体

项目			风险要素	
			风险因素	风险损失
具体标的及其组合	具体标的	交易	★	—
		财产与实物	★	★
		信息	★	★
		人	★	★
	具体标的之组合：交易循环		★	— ★
★表示有这种控制客体				

（二）内部控制的具体标的

内部控制的具体标的包括交易、财产与实物、信息和人，这四种具体标的，既可能是风险因素，也可能是风险损失的承载者，所以，它们成为内部控制的控制标的。

1. 内部控制的具体标的之一：交易

交易就是特定组织所做的事，作为内部控制客体的交易，其内部性集中体现在交易主体的内部性上，也就是说，无论交易的行为地在何处，只要交易当事人中至少有一方属于"内部人"，则该交易才能成为内部控制的标的。交易因本组织与外界交换或获得资产与劳务而形成，或者在组织内部转移或使用资产而形成，各种行为是交易的基础。在交易履行的过程中，当事人必须完成各自一些相关的行为。组成交易的行为在完成的先后顺序上，有的存在明显的逻辑关系，有的则不存在先后顺序问题。交易本身既有可能由多方当事人共同完成，也可能仅由一方当事人单独完成。交易按参与的主体不同可分为：单一岗位单独完成的交易；机构内部岗位间共同完成的交易；组织内部不同机构岗位间完成的交易；组织内部岗位与组织外部主体之间完成的交易。当然，交易还可按所属的特定领域进行分类（郑石桥，2008）。例如，制造业企业的交易基本情况如表 2 所示。

表 2 制造业企业的交易类型

交易循环	主要交易
货币资金循环	收支申请，收支审批，收支复核，办理收支，账实核对等
销售循环	接受和处理订单，签订合同，执行销售政策和信用政策，催收货款，审核销售发货单据，办理发货的具体事宜，销售款项的结算和记录，货款回收等
采购循环	请购与审批，询价及确定供应商，订立采购合同与审计，采购的执行，验收，相关会计记录，货款支付等
生产循环	计划生产，发出原材料，生产产品，核算生产成本，储存产成品，发出产成品，相关记录等

续表

交易循环	主要交易
担保循环	担保业务的评估与审批，担保业务的执行与监督，相关财产的保管，担保业务记录等
工程项目循环	项目建议、可行性研究，项目决策，概预算编制，预算审核，项目实施，支付工程价款，竣工决算，竣工审计，相关记录等
筹资与投资循环	编制预算，预算审批，投筹资项目的分析论证与评估，投筹资决策，执行，对外投资处置的审批与执行，相关会计记录等
预算循环	预算编制，预算审批，预算执行，预算执行结果的考核
公司治理循环	股东会职责，董事会职责，监事会职责，经理班子职责

交易如何成为控制标的呢？交易主要是风险因素，一个特定组织要控制的许多风险，来源于交易及履行交易的各种行为，正是由于交易的各种行为不当，导致了交易相关风险的产生。以采购循环为例，表2中列示了七种交易，履行每种交易都需要一些具体行为，恰恰是这些具体的行为不当，可能导致一些风险的发生。请购与审批，请购可能出现多购，也可能误购不需要的商品，而审批则可能未能防止或发现多购或误购；询价及确定供应商，可能得到错误的价格信息，也可能选择不恰当的供应商；订立采购合同与审计，可能出现合同条款对本组织有利影响，审计也未能发现；采购的执行，可能出现偏离；验收，可能没有检查清楚商品的数量和质量；相关会计记录，可能出现错误；货款支付，可能出现不恰当的支付；另外，如果政府对于某些商品的采购有法律法规规定，或者是本单位对采购有明文规定，则采购循环中的各项交易还可能出现违规风险。所以，采购循环的各种交易中都可能出现对本组织有负面影响的事件，而交易相关行为不当是出现负面事件的原因。所以，要控制采

购中的负面的发生，必须通过具体的交易行为控制来实现。

以上分析的是采购交易循环中的交易，其他各交易循环中的交易也具有类似情形，总体来说，交易及履行交易的各种行为可能是风险因素，要控制风险，必然要控制交易及履行交易的各种行为，从这种意义上来说，交易及履行交易的各种行为成为内部控制的控制标的。

2. 内部控制的具体标的之二：财产与实物

作为内部控制客体的财产是指组织享有的、能够带来经济利益的资源，不仅包括具有经济价值和实物形态的物品，以及货币和有价证券，还包括智力成果——精神（或知识）财富。组织对财产的享有方式表现为：拥有所有权；拥有控制权；拥有使用权。这里谈及的"财产"与会计中的"资产"是有区别的。资产强调拥有或控制，而享有财产的最低标准是"使用"。以企业经营租入设备为例，会计并不将其确认为资产，然而，从企业拥有其使用权的角度讲，该设备属于企业的资源，应当纳入到控制对象中（郑石桥，2008）。一般来说，作为内部控制客体的财产分为以下几类：货币资金，主要包括现金和银行存款；实物资产，主要包括：房屋建筑物、机器设备、工具器具、原材料、在产品和产成品等；金融资产，主要包括：债券、股票、基金以及金融期货等；无形资产，主要包括：专利权、商标权、土地使用权、著作权、特许权、非专利技术（包括商业秘密）和商誉等。

财产如何成为控制标的呢？一般来说，财产主要是控制损失的承载者，风险所带来的损失，很大程度上会落在财产上。所以，要防护风险给组织带来的损失，可以对资产实施一些保护性控制，此时，财产就是控制措施的实施标的。例如，为了保护财产不被他人非法占有，可以对财产进行看护，建设一个仓库以保护财产不被风吹雨淋，财产保险等，都是以财产作为控制标的或客体。

实物是具有客观实体的物理体，包括归属于本组织所有的实物及不归属于本组织所有的实物，归属于本组织所有的实施，也属于本组织的财产，但是，这是有实物形态的财产，不包括没有实物形态的财产。实物如何成为控制标的呢？一般来说，有两种路径，一种路径是，实物是风险损失的承载者，这与其他财产一般，本章前面已经做过分析；二是实物可能是风险因素，它可以导致风险，例如，机器设备老化了，引起设备事故，易燃物品由于天气原因而发生自燃现象，都属于实物原因引发的风险。

3. 内部控制的具体标的之三：信息

信息，泛指各种情报、资料、消息和数据。信息可以来源于组织内部信息系统（包括会计信息系统和统计信息系统），也可以来源于组织外部。一般来说，从计量属性来说，信息可以分为财务信息和非财务信息，财务信息就是以货币计量的信息，会计信息是其主要类型，由于货币计量的固有限制，财务信息仅仅是组织相关信息中的"冰山一角"。非财务信息是以非货币计量单位计量的信息，统计信息是其主要类型（郑石桥，2008）。

信息如何成为控制标的呢？主要有两个路径，一是信息及其相关行为可能是风险因素，导致某些风险，例如，信息采集、加工、沟通及报告行为不恰当，导致信息错报，又如，前一个环节的信息如果发生错报，可能导致以此为基础的后一个环节的信息也发生错报，所以，前一环节的信息成为后一环节的错报原因。所以，要控制信息错报，就要控制与信息相关的各种加工行为，通过对这个信息加工行为的控制，保障信息不发生错报。二是信息是风险承载者，一些风险因素导致的风险使得信息失真，所以，要控制这些风险带来的负面影响，需要对这些信息进行某种保护性控制，例如，通过一些保密措施，使得这些信息不受他人删改。

4. 内部控制的具体标的之四：人

内部控制中的"人"是一个较为特殊的控制标的。其特殊性主要体现在：第一，人可以是内部控制的主体，实施并影响内部控制，一旦组织中的较高层级主体中的"人"对较低层级控制主体的"人"施加影响或凌驾于内部控制之上，内部控制的作用将弱化甚至失效；第三，人可以是内部控制客体，一方面，人作为一种能够为组织带来经济利益的特殊的资源也构成内部控制的客体，另一方面，人可以产生风险；第三，正是由于内部控制主体具有层次性，位于中层的控制主体成为了高层控制主体向基层控制主体施加控制影响力的"工具"。可见，在整个内部控制系统中，"人"的影子随处可见，无论是内部控制的设计，还是内部控制的实施，以及对内部控制的评价和优化，"人"是至关重要的因素（郑石桥，2008）。

人如何成为控制标的呢？这有两个路径，第一，人是风险因素，可能导致某些风险。从这个视角来说，内部控制中的"人"既包括内部人，也包括外部人，凡是能带来负面影响的，都是风险因素，都成为控制客体。第二，人是风险损失的承载者，一些风险可能导致人身安全事故的发生，这些安全事故可能性在内部人身上，也可能发生在外部人身上，所以，作为风险损失的承载者，内部人和外部人都可能成为控制客体。

（三）控制标的之组合：交易循环

以上分别分析了交易、财产与实物、信息以及人作为内部控制的具体标的，然而，这些标的是密切相关的，在建立和实施风险应对机制时，并不能分割地考虑这些具体标的，而是需要将这些标的联系起来以建立和实施风险应对机制。交易、财产与实物、信息和人四者存在密切关系，交易离不开财产或实物，没有一定的财产或实物，交易就没有实质性内容；交易与信息也密切关系，交易需要信息为基础，交易本身也会产生信息；人是交易的操作者，没有人，交易不可能自行完成；信息也与财产或实物密切相关，许多信息就是关于财产或实物的信息；人是信息的采集和加工者，没有人，也就没有信息的加工和采集。所以，交易、财产与实物、信息和人是四位一体的，它们共同组成交易循环或业务流程。从这个意义上来说，交易循环或业务流程是控制标的之组合，也就是更高一个层级的控制客体。

交易循环的划分方式具有多样性，表 2 中将制造业企业的交易分为七类，形成七个交易循环，这种划分并不具有唯一性，不同的行业的企业，交易的类型可能不同，同一行业的企业，其营运模式不同，也可能形成不同的交易循环。对于非企业组织来说，其交易循环就与企业有很大的不同，例如，财政部印发的《行政事业单位内部控制规范（试行）》将行政事业单位的经济活动划分为以下几类：预算管理、收支管理、政府采购管理、资产管理、建设项目管理、合同管理，很显然，这就是六类经济活动，形成六个交易循环。无论交易循环如何划分，都应该有独立的业务流程，而这些业务流程都是交易、财产与实物、信息以及人的组合，形成内部控制宏观层面的内部控制客体。

四、例证分析

本章以上提出了一个关于内部控制客体的简要理论框架，下面，用这个理论框架来分析若干内部控制权威规范中对内部控制客体的界定，以一定程度上验证这个理论框架的解释力。

（一）《企业内部控制基本规范》界定的内部控制客体

《企业内部控制基本规范》第三条规定，"内部控制的目标是合理保证企业经营管理合法合规、资产安全、财务报告及相关信息真实完整，提高经营效率和效果，促进企业实现发展战略"。

这里的"企业经营管理"是履行企业各类交易的行为，属于交易标的；"资产"属于财产与实物标的；"财务报告及相关信息"属于信息标的；"经营"属于交易标的；"实现发展战略"需要为各类交易行为，属于交易标的。

（二）《行政事业单位内部控制规范（试行）》界定的内部控制客体

《行政事业单位内部控制规范（试行）》第四条规定，"单位内部控制的目标主要包括：合理保证单位经济活动合法合规、资产安全和使用有效、财务信息真实完整，有效防范舞弊和预防腐败，提高公共服务的效率和效果"。

这里的"经济活动合法"是履行各类交易的活动，属于交易标的；"资产"属于财产与实物标的；"财务信息"属于信息标的；

"舞弊"和"腐败"是行为，属于交易标的；"公共服务"是行政事业单位的业务活动，属于交易标的。

（三）《企业内部控制应用指引第 3 号——人力资源》界定的内部控制客体

《企业内部控制应用指引第 3 号——人力资源》第三条规定，"企业人力资源管理至少应当关注下列风险：（1）人力资源缺乏或过剩、结构不合理、开发机制不健全，可能导致企业发展战略难以实现。（2）人力资源激励约束制度不合理、关键岗位人员管理不完善，能导致人才流失、经营效率低下或关键技术、商业秘密和国家机密泄露。（3）人力资源退出机制不当，可能导致法律诉讼或企业声誉受损。"

很显然，上述三类风险的承载者都是"人力资源"，属于人这个特殊的控制客体。

（四）《企业内部控制应用指引第 7 号——采购业务》界定的内部控制客体

《企业内部控制应用指引第 7 号——采购业务》第三条规定，"企业采购业务至少应当关注下列风险：（1）采购计划安排不合理，市场变化趋势预测不准确，造成库存短缺或积压，可能导致企业生产停滞或资源浪费。（2）供应商选择不当，采购方式不合理，招投标或定价机制不科学，授权审批不规范，可能导致采购物资质次价高，出现舞弊或遭受欺诈。（3）采购验收不规范，付款审核不严，可能导致采购物资、资金损失或信用受损。"

这里的"采购计划"、"市场变化趋势预测"都是交易活动，属于交易标的；"供应商选择不当""采购方式""招投标或定价""付款审核"都是交易活动，属于交易标的。

总体来说，本章的理论框架能解释这些权威规范界定的内部控制客体。

五、结论和启示

内部控制客体是组织内部建立和实施的风险应对机制的重要事项。本章基于现有文献，将控制客体分为具体对象和交易循环两个层级，提出一个简要的内部控制客体的理论框架；并用这个理论框架来分析若干例证。

控制客体是内部控制措施所落实到的标的物及其组合，风险因素、风险事件、风险损失和目标偏离组成的风险要素中，内部控制客体主要体现在在风险因素和风险损失这两个要素中。作为内部控制客体的风险因素和风险损失可以具体化为交易、财产与实物、信息和人这四种具体标的。交易就是特定组织所做的事，交易及履行交易的各种行为可能是风险因素。财产是指组织享有的、能够带来经济利益的资源，财产主要是控制损失的承载者。实物是具有客观实体的物理体，实物是风险损失的承载者，也可能导致风险。信息泛指各种情报、资料、消息和数据，信息及其相关行为可能是风险因素，信息也可能是风险承载者。人作为内部控制标的，既可能是风险因素，也可能是风险损失的承载者。交易、财产与实物、信息和人四者存在密切关系，共同组成交易循环或业务流程。

本章提出的理论框架能解释《企业内部控制基本规范》《行政事业单位内部控制规范（试行）》《企业内部控制应用指引第3号——人力资源》《企业内部控制应用指引第7号——采购业务》这些权威规范界定的内部控制客体。

本章的研究启示我们，内部控制客体的确定是风险应对机制的重要内容，而控制客体最终要具体化为密切相关的四种标的：交易、财产与实物、信息和人，对于任何一个组织来说，上述四类标的都是非常丰富的，如何将这些标的纳入内部控制之中并与特定的风险因素或风险损失对应起来，是非常复杂的工作，这也再次表明，内部控制建立和实施是全体员工的责任，需要组织的高层高度重视。

参考文献

郑石桥，内部控制原理［M］，新疆科技出版社，2008年。

赵杰，郑石桥，内部控制架构评述与构建［J］，会计之友，2008，（6）：40—42。

刘永泽，况玉书，我国政府内部控制：经验借鉴与体系构建［J］，南京审计学院学报，2015，（4）：3—11。

周梦如，我国行政事业单位内部控制探析［J］，现代商业，2015，（2）：147—149。

王星宇，论企业建立以人为本的内部控制问题［J］，江西社会科学，2003，（1）：127—131。

吴小红，从主体关系看内部控制［J］，商业研究，2004，（9）：9—11。

李闻一，完善企业内部控制制度的理性思考［J］，审计月刊，2004，（5）：16。

王海兵，李文君，企业人本内部控制：构建基础及对物本内部控制的改进［J］，财会月刊，2010，（7）：12—13。

刘晶，刍议企业建立以人为本的内部控制存在的问题［J］，财经界，2013，（7）：95—95。

李华丽，王瑞龙，高校内部控制：6W+1H［J］，会计之友，2015，（11）：100—103。

7. 内部控制假设：理论框架和例证分析

【内容摘要】内部控制假设是人们基于实践经验和理性思考提出的作为内部控制前提条件的命题，具有前提性、外部性和客观性三方面的特征，其主要体现在两个方面，一是指导人们建立和实施内部控制，二是作为评估内部控制有效性的标准。内部控制假设包括人性自利假设、人性有限理性假设、合谋难度假设和营运环境变动假设。

一、引言

内部控制是组织内部建立和实施的风险应对机制。然而，组织在建立和实施风险应对机制时，需要有些前提条件——这就是内部控制假设，组织正是以这些前提条件为起点来建立和实施风险应对机制的，缺乏这些前提条件或者前提条件不同，组织所建立和实施的风险应对机制可能不同。因此，作为风险应对机制的前提条件之内部控制假设，是内部控制建立和实施的重要事项。

现有文献对内部控制假设的概念、作用、特征和内容都有一定的研究，但是，这些内容之间缺乏贯通。本章拟提出一个内部控制假设的理论框架，贯通内部控制假设的概念、作用、特征和内容。

随后的内容安排如下：首先是一个简要的文献综述，梳理内部控制假设的相关文献；在此基础上，将内部控制假设的概念、作用、特征和内容贯通起来，提出一个简要的内部控制假设的理论框架；然后用这个理论框架来分析若干例证，以一定程度上验证这个理论框架；最后是结论和启示。

二、文献综述

根据本文的研究主题，相关的文献包括两个方面，一是直接研究内部控制假设的文献，二是研究管理假设的文献也与本章的主题有较大的关系。

直接研究内部控制假设的文献，研究主题涉及内部控制假设的概念、作用、特征和内容。关于内部控制假设的概念，潘琰、郑仙萍（2008）认为，内部假设是"人们在进行内部控制理论研究和开展内部控制活动时，面对未经确切认识或无法正面论证的经济事物或控制现象，根据已有知识，经过思考后提出的关于内部控制前提的理性认识，是进一步研究内部控制理论和进行内部控制活动的重要基础"；王海兵、王冬冬（2015）认为，"企业社会责任内部控制假设是人们利用自己的知识，根据社会责任内部控制的内在规律和环境要求所提出的、具有一定事实依据的假定或设想"。

关于内部控制假设的作用，潘琰、郑仙萍（2008）认为，内部控制假设"是整个内部控制理论结构赖以建立的基础，是推导其他命题的前提，没有假设做起点，就无法进行科学的推理或思维，无法做出相应的结论"；樊行健、刘光忠（2011）认为，内部控制假设是内部控制概念框架的起点；刘骏、余雁（2016）认为，内部控制假设是内部控制理论的逻辑起点之一，是内部控制设计和运行的基础。

关于内部控制假设的特征，潘琰、郑仙萍（2008）认为，内部控制基本假设应当具有客观现实性、基础性、不可或缺性、无法自我检验、系统性、相互独立性和动态性这些特征；马正凯（2011）认为，内部控制假设具有易变性；陈惠健（2014）认为，内部控制假设应该具有简明性、客观普遍性、系统性、相互独立性和可修正性等假设。

关于内部控制假设的内容，出现了多种观点。迈克尔·坎吉姆和汤密·辛格顿（2004）提出管理层责任、合理保证、数据处理方法的独立性以及系统的局限性四个假设；黄晓波、马正凯（2005）提出控制界限模糊假设、系统可控性假设、人性不完美假设、风险永恒存在假设四个假设；李连华（2007）提出六个假设：主体假设，有限理性假设，内部控制有效性或有用性假设，合伙舞弊的概率低于单独舞弊的概率的假设，控制环节与控制收益之间的非线性关系假设，合理保证假设；罗伯特·西蒙斯认为内部控制系统的假设条件包括以下方面："每个人都有固有的道德缺陷，所以有必要使用内部控制以确保资产的安全和信息的可靠；有效的内部控制能够使潜在的不轨者害怕被发现，从而对舞弊行为产生威慑力；独立的个人能够识别并报告他所发现的异常情况；要求其他人参与舞弊有很高的风险，所以数人共谋的可能性很低；正式的任命和说明决定了组织中个人的权限；在业绩目标和产生的正确信息之间不存在固有的矛盾；记录和文件是行为和交易的证明"（潘琰、郑仙萍，2008）；马正凯（2011）提出可持续控制假设、控制主体责任假设、风险可控假设、关于人的行为假设；潘琰、郑仙萍（2008）提出控制实体假设、可控性假设、复杂人性假设和不串通假设；迈尔把内部控制假设概括为八个方面："人类固有的精神、道德和身体缺陷；有效的内部控制能够阻止个人舞弊；当个人处于独立状态，即使没有行使不相容职责，当不合规行为引起他的注意时，他应该能够确认和报告；对于不合规行为的拒绝一般被认为是对这种行为的阻止，在这种情况下，合谋的可能性很低；组织设计是信息加工系统唯一的权力决定因素；组织设计中没有规定的行为会给信息加工带来紊乱因素；记录系统能为行为提供恰当的证据；信息加工系统的效率性、可靠性和资产安全性之间没有固有的矛盾"（朱小芳，张佳兴，2012）；朱小芳、张佳兴（2012）提出控制主体假设、系统可控性假设、复杂人性假设、合理保证假设、合伙舞弊概率低于个人舞弊概率假设；王海兵、王冬冬（2015）提出企业社会责任内部控制基本假设、社会责任重要性假设和社会责任风险可控性假设；陈惠健（2014）提出控制实体假设、可持续控制假设、人性不完美假设、正当怀疑假设、客体可验证假设；刘骏、余雁（2016）认为，内部控制假设就是内部牵制思想，有三方面的含义："两个或以上的人或部门无意识地犯同样错误的机会是很小的；两个或以上的人或部门有意识地合伙作弊的可能性大大低于单独一个人或部门舞弊的可能性；内部牵制系统本身具有复核和检查的功能。"

研究管理假设的文献，主要关注以不同的人性假设为基础来开展管理设计和管理活动，不同的人性假设包括性善论、性恶论、经济人假设、X理论、Y理论，超Y理论、Z理论、决策人和复杂人假设（朱秋白，颜蕾，2003；郑石桥，马新智，2004；李宇飞，2005；张卓，2015）。

文献综述显示，内部控制假设的概念、作用、特征和内容都有一定的研究，但是，这些内容之间缺乏贯通；管理假设的人性假说对内部控制假设有较大的启发作用。本章拟提出一个内部控制假设的理论框架，贯通内部控制假设的概念、作用、特征和内容。

三、理论框架

本章的目的是贯通内部控制假设的概念、作用、特征和内容，提出一个简要的内部控制假设的理论框架，为此，需要相互联系地阐释内部控制假设的如下基本问题：什么是内部控制假设？内部控制假设有什么特征？内部控制有什么作用？内部控制假设有哪些？

（一）内部控制假设的概念、特征和作用

根据《韦氏国际词典》的解释，假设有两种含义，一是指所提出的理所当然或不言自明的命题；二是基本前提。本文将前者称为命题观，将后者称为前提观。命题观下，假设是一种经过人类长期反复实验，不需再加以证明的命题，现实生活中没有反证。前提观下，假设是人们进行实践活动或者进行理论研究时，根据特定环境和已有知识经过思考后提出的，具有一定事实根据的认知，现实生活中也没有反证。命题观强调了假设不需要证明的属性，而前提观而强调了假设作为前提条件的地位。从本质上来说，这两种观点并

不存在实质性差异，正是因为不需要证明，才可以作为前提条件，也正是因为可以作为前提条件，必须是不需要证明的。当然，二者都要求是经验总结和理性思考的结果，并且在现实生活中不存在反证。

根据对假设的上述理解，我们认为，内部控制假设是人们基于实践经验和理性思考提出的作为内部控制前提条件的命题。

这个概念的核心要点包括：第一，内部控制假设是以实践经验为基础而产生的内部控制前提条件，并不是凭空产生，也不是单纯的逻辑推理的结果；第二，内部控制假设是理性思考之后的产物，是人们对内部控制前提条件的理性认识，并不是粗浅的感知；第三，内部控制假设是人们建立和实施风险应对机制的前提条件，这本身并不是内部控制，但是，人们建立和实施风险应对机制必须以此为基础。

以内部控制假设的上述界定为基础，我们认为，内部控制假设应该具有前提性、外部性和客观性三方面的特征。前提性是指内部控制假设是建立和实施风险应对机制的前提条件，建立和实施风险应对机制必须遵守这些前提条件，如果不遵守这些前提条件，要么会造成内部控制无效，要么会造成内部控制不符合成本效益原则；外部性是指内部控制假设本身并不是风险应对机制的组成要素，既不寻找风险，也不应对风险，但是，要建立和实施有效的风险应对机制，必须以这些假设为起点；客观性是指内部控制假设是基于实践经验的理性认知，不是凭空产生的，所以，这些内部控制假设是必须遵守的，并且是普通适用的。

根据以上分析，内部控制假设是人们基于实践经验和理性思考提出的作为内部控制前提条件的命题，具有前提性、外部性和客观性三方面的特征，很显然，内部控制假设的作用是不言而喻的，它既是内部控制活动的前提条件，也是内部控制理论研究赖以展开的不言自明的前提。具体来说，内部控制假设有什么作用呢？主要体现在两个方面，一是指导人们建立和实施内部控制，也就是说，人们在建立和实施内部控制时，要以这些假设为前提，需要将这些假设与本组织的具体环境结合起来，将这些假设体现在本组织设计和执行的内部控制体系之中；二是作为评估内部控制有效性的标准，也就是说，人们评估内部控制是否以这些假设为前提，如果所评估的内部控制没有以这个假设为前提，则可以认定内部控制存在缺陷，尽管内部控制需要针对特定组织的具体环境来建立和实施，但是，内部控制假设是普通适用的，没有以这些假设为前提，可以将这种偏差判断为内部控制缺陷。

（二）内部控制假设的内容

本章的文献综述表明，有些文献提出了一些内部控制假设，本章以这些文献提出的研究假设为基础，基于对内部控制假设的概念、特征和作用的上述理解，并且区分内部控制原则和内部控制假设，主要从人的方面及环境方面提出内部控制建立和实施的前提条件。关于与人相关的前提条件，人既是内部控制的主体，也是内部控制的客体，建立和实施风险应对机制，如何认知人是非常重要的前提条件，基于人类管理实践经验的理性思考表明，建立和实施风险应对机制，人可能具有以下特征：人是自利的，人是有限理性的，人与人之间的合作存在难度，基于这些特征，提出如下内部控制假设：人性自利假设、人性有限理性假设、合谋难度假设。关于与环境相关的前提条件，内部控制必须与其运行的环境相适应，这是内部控制的通用性原则，从内部控制假设的角度来说，就是如何认知环境，本章认为，尽管内部控制营运环境的特征很多，但是，作为内部控制前提条件的环境特征是环境变动，也就是说，在建立和实施风险应对机制时，要以营运环境是变动的为前提的，而不能假设营运环境是不变的，需要提醒的是，这是的环境是内部控制的营运环境，不是作为内部控制要素之一的控制环境。总体来说，本章提出了四项内部控制假设：人性自利假设、人性有限理性假设、合谋难度假设和营运环境变动假设。下面，我们具体阐述各内部控制假设。

（1）人性自利假设。所谓自利，是指人会计算、有创造性、能寻求自身利益最大化，表现为经济人。自利并不一定会导致损人，经济人追求自身利益最大化的同时也可能促进了组织利益或他人利益的增长。当然，自利也可能会带来对组织利益或他人利益的损害。每个人由于自利的本能，在一定的条件下可能出现机会主义倾向，此时的自利就可能损害他人的利益。马歇尔把人类的动机分为追求满足和避免牺牲两种类型。人类的经济生活就是由这两类动机支配的，前者促进人类的某种经济行为，后者制约人类的某种经济行为。对机会主义进行防范是为了避免牺牲。内部控制以自利作为人性假设，主要是针对人类的机会主义倾向。所以，作为内部控制的主体及内部控制客体的人，都必须假定其具有自利的倾向，否则，内部控制难以有效。

（2）人性有限理性假设。有限理性（bounded rationality）是指人的行为是有意识的理性选择，但这种理性又是有限的。也就是说，人并不能在任何情形下都做出最优的选择。其原因主要有三个方面：一是环境是复杂的，人们面临的是具有不确定性的世界，因此，信息是不完全的，是有限的；二是人对环境的计算能力和认识能力是有限的，人不可能无所不知，因此，人的信息能力是有限的；三是人会受到情境的影响，在一些情形下，会做出情绪化的选择，理性在这里的作用是有限的。基于上述三个方面，人是有限理性的。正是由于人是有限理性，所以，人可能出现次优问题甚至犯错误。因此，作为内部控制的主体及内部控制客体的人，都必须假定其是有限理性的，否则，内部控制难以有效。

（3）合谋难度假设。前面的文献综述指出，一些文献提出了内部控制假设，这些文献中，多数都提出了合谋或串通相关有难度的假设。李连华（2007）提出，"合伙舞弊的概率低于单独舞弊的概率"的假设；罗伯特·西蒙斯提出，"要求其他人参与舞弊有很高的风险，所以数人共谋的可能性很低"的假设（潘琰、郑仙萍，2008）；潘琰、郑仙萍（2008）提出不串通假设；迈尔提出将"合谋的可能性很低"作为内部控制假设之一（朱小芳，张佳兴，2012）；朱小芳、张佳兴（2012）提出，"合伙舞弊概率低于个人舞弊概率"的假设；刘骏、余雁（2016）指出，"两个或以上的人或部门无意识地犯同样错误的机会是很小的；两个或以上的人或部门有意识地合伙作弊的可能性大大低于单独一个人或部门舞弊的可能性；内部牵制系统本身具有复核和检查的功能"。上述这些文献提出的假设，其意思基本相近，只是表述方式有差别，本章将其概括为"合谋难度假设"，这两个假设的核心内容是，与一个人相比，两人及其以上的人合谋舞弊或犯同样错误的概率将降低，或者说，人与人之间可以相互牵制以防范舞弊或错误。这个假设可以从三个方面的来理解，第一，随着参与舞弊者的人数增加，舞弊者的收益将下降，因此，一般情况下，合谋舞弊的可能性会降低；第二，随着参与舞弊者的人数增加，舞弊被发现的可能性增加，因此，为了舞弊不被发现，舞弊策划者希望参与舞弊的人越少越好；第三，不同的人同时犯同样错误的可能性低，因此，如果是无意发现的错误，由其他人对另外的人已完成的工作进行检查，很有可能发现其中存在的错误。

（4）营运环境变动假设。内部控制是组织内部建立和实施的风险应对机制，如何认知环境特征是这个机制有效营运的前提，一般来说，环境特征可能从不同的维度来考察，从风险应对的角度来说，可以从环境的复杂性和环境的动态性两个维度来认知环境，环境的复杂性表征的是环境因素的多寡，而环境的动态性表征的是环境因素是否会发生变化，作为内部控制假设，必须是具有普通性的，通常来说，环境复杂性并不具有普通性，而环境因素会发生变化，这应该具有普通性，所以，本章将内部控制营运环境变动作为一个内部控制假设。正是因为有这个假设，内部控制就不能一劳永逸，而必须持续改进；也正是因为这个假设，内部控制活动也必须持续开展，而不是固定在某个时点。

四、例证分析

本章以上提出了一个简要的内部控制假设的理论框架，然而，这些假设是否正确呢？很显然，难以采用常规的实证研究方法来验证，下面，用这个理论框架来分析若干例证，以一定程度上验证这个理论框架的解释力。

（一）人为什么既是内部控制主体，也是内部控制客体

任何一个组织在建立和实施风险应对机制时，一方面将人作为抑制风险的主体，另一方面也需要抑制人产生的风险，在内部控制中，人既是内部控制主体，也是内部控制客体。这其中的原因就是基于与人相关的内部控制假设，由于人性自利，可能产生自利行为，从而导致风险；由于人性有限理性，可能犯错误，从而导致风险，所以，从这些意义来说，从是内部控制客体；但是，由于人与人之间存在合谋难度，并且，两个人同时犯同样错误的可能性也较低，因此，人与人之间可能想到制衡或牵制，因此，人与人之间可以相互控制，所以，从这个意义上来说，人又成为内部控制主体。

（二）制衡为什么成为内部控制基本骨架

尽管内部控制措施很多，但是，制衡是内部控制的基本骨架，这其中的道理是基于与人相关的内部控制假设。正是由于人具有自利和有限理性两方面的特征，所以，可能导致舞弊或错误，因此，需要风险应对措施，很显然，其任何人难以应对其自身的舞弊或错误，因此，需要他人来应对这些风险；由于人与人之间存在合谋难度，所以，两人同时的可能性降低，因此，通过人与人之间的职能分工，一定程度上能降低舞弊风险；由于不同的人同时犯同样错误的可能性低，所以，一个人完成的工作由他人进行检查很有可能发现其中的错误，所以，通过人与人之间的职能分工，一定程度上能降低犯错误的风险。

（三）内部控制为什么只能为基础性控制目标提供合理保证？

根据我国《企业内部控制基本规范》，内部控制能为法律法规遵循、资产安全和信息真实完整这些基础性目标提供合理保证，而对营运效率效果及战略目标的保证程度更低，营运目标和战略目标受到许多外部因素的影响，内部控制难以有效控制，所以，保证程度较低，为什么对于法律法规遵循、资产安全和信息真实完整这些基础性目标只能提供合理保证呢？其中的原因之一是成本效益原则的要求，但是，与人相关的内部控制假设也是其中的重要原因，尽管人与人之间存在合谋难度，但是，并不能排除合谋的可能性；尽管不同的人犯同样错误的可能性低，但是，并不排除不同的人犯同样错误的可能性。所以，以人作为内部控制主体的控制体系，不能完全消除风险，所以，只能提供合理保证。

（四）为什么需要内部控制监视

内部控制要素中，为什么需要内部控制监视要素？其中的原因是通过内部控制监视，及时地发现内部控制缺陷并推动整改，保证内部控制持续改进。那么，内部控制为什么需要持续改进呢？其中的重要原因是营运环境变动，正是因为内部控制的营运环境发生变动，原来适宜的内部控制措施变得不适宜，原来的风险状况也在发生变化，所以，内部控制需要根据营运环境的变化而发生，内部控制监视就是承担这个使命的内部控制要素。

总体来说，本章提出的内部控制假设能够解释现实生活中的上述内部控制现象。

五、结论和启示

内部控制是组织内部建立和实施的风险应对机制。然而，组织在建立和实施风险应对机制时，需要有些前提条件——这就是内部控制假设，组织正是以这些前提条件为起点来建立和实施风险应对机制的，缺乏这些前提条件或者前提条件不同，组织所建立和实施的风险应对机制可能不同。本章提出一个内部控制假设的理论框架，贯通内部控制假设的概念、作用、特征和内容。

内部控制假设是人们基于实践经验和理性思考提出的作为内部控制前提条件的命题，具有前提性、外部性和客观性三方面的特征，其主要体现在两个方面，一是指导人们建立和实施内部控制，二是作为评估内部控制有效性的标准。内部控制假设包括人性自利假设、人性有限理性假设、合谋难度假设和营运环境变动假设。

本章的研究启示我们，内部控制假设在建立和实施风险应对机制时具有重要的意义，如果不能正确地运用这些内部控制假设，风险应对机制将难以有效，或者是以高额的成本来实现了内部控制目标。

参考文献

潘琰，郑仙萍，论内部控制理论之构建：关于内部控制基本假设的探讨［J］，会计研究，2008，（3）：63—67。

王海兵，王冬冬，企业社会责任内部控制基础理论研究［J］，会计之友，2015，（15）：88—91。

樊行健，刘光忠，关于构建政府部门内部控制概念框架的若干思考［J］，会计研究，2011，（10）：34—41。

刘骏，余雁，关于内部控制假设（前提）的思考［J］，江西财经大学学报，2016，（2）：36—42。

马正凯，关于内部控制假设的再思考［J］，河南工程学院学报（社会科学版），2011，（6）：4244。

陈惠健，浅谈行政事业单位内部控制基本假设［J］，市场周刊，2014，（6）：80—81。

迈克尔·坎吉姆，汤密·辛格顿，管理审计职能：公司审计部门程序指南［M］.李海风，李媛媛，译，清华大学出版社，2004。

黄晓波，马正凯，内部控制假设初探［J］，财会月刊，2005，（3）：5—6。

李连华，我国内部控制理论研究及其研究路线［J］，财经论丛，2007，（6）：63—69。

朱小芳，张佳兴，内部控制目标与内部控制基本假设关联研究［J］，财会通讯，2012，（9）：97—98。

朱秋白，颜蕾，人性假设与管理制度的成本和效率［J］，当代财经，2003，（1）：96—99。

郑石桥，马新智，管理制度设计理论与方法［M］，经济科学出版社，2004年。

李宇飞，论基于人性分析的管理制度设计［J］，求索，2005，（1）：128—130。

张卓，管理制度观："经济人"假设的逻辑镜像［J］，行政论坛，2015，（9）：92—95。

8. 内部控制通用原则：理论框架和例证分析

【内容摘要】内部控制通用原则是内部控制建立和实施中具有根本性或基本性的规则或准则，具有根本性、规律性、公认性、普适性特征，是内部控制建立和实施的普世价值观。内部控制通用原则的作用有两个方面，一是指导人们建立和实施内部控制，二是作为评估内部控制缺陷的标准。内部控制通用原则包括全面性原则、重要性原则、要素齐全原则、组合性原则、制衡性原则、适应性原则、成本效益原则和以人为本原则。

一、引言

内部控制是组织内部建立和实施的风险应对机制。然而，建立和实施这个风险应对机制必须遵守一些具有普适性的通用规则，这些通用规则就是内部控制通用原则，离开这些通用原则，内部控制要么是不能达到其预期的目标，要么是不符合成本效益地达到了其预期目标。所以，理解并遵守内部控制通用原则是内部控制建立和实施的重要事项。

现有文献对内部控制通用原则有一定的研究，有的内部控制权威规范还提出了一些内部控制通用原则。然而，整体来说，内部控制通用原则还是缺乏一个系统化的理论框架，本章拟致力于此。

本章随后的内容安排如下：首先是一个简要的文献综述，梳理内部控制原则相关文献；在此基础上，提出一个关于内部控制通用原则的理论框架；然后，用这个理论框架来分析二个例证；最后是结论和启示。

二、文献综述

现有文献对内部控制原则的研究有三种类型，一是研究建立和实施内部控制的通用原则，二是研究内部控制某个要素的原则，三是研究内部控制通用原则的具体运用。

关于建立和实施内部控制的通用原则，最有代表性的是财政部等颁布的《企业内部控制基本规范》确定的五项原则：全面性原则、重要性原则、制衡性原则、适应性原则和成本效益原则，以及财政部颁布的《行政事业单位内部控制规范（试行）》确定的四项原则：全面性原则、重要性原则、制衡性原则和适应性原则。有些文献对内部控制通用原则也提出了不同的观点，对于企业内部控制来说，周德孚（1999）提出以下原则：适当地使责职分离、合理的授权制度、适当的信息记录、确保资产的安全可靠原则；王惠玲（2006）提出以下原则：以人为本，注重"软控制"的作用，强调风险意识，糅合管理与控制的界限，强调内部控制的分类及目标，内部控制"合理"保证，成本与效益原则；赵艳丽（2008）提出合规性、适用性、可行性、有效性、健全性和权威性原则；刘娅博（2013）提出"不相容"原则、控制"人的行为"原则和加强"内部监督"原则；徐惠强（2014）提出适应性原则、针对性原则、实用性原则和前瞻性原则。对行政事业单位内部控制来说，刘国强（2014）提出信息采集专门化、决策过程专业化、实施过程透明化三个原则；刘永泽、况玉书（2015）提出服务导向原则、依法控制原则、系统性原则、分权制衡原则、兼顾公平和效率原则。

关于研究内部控制某个要素的原则，最典型的代表是 COSO（2013）提出的内部控制 17 项原则，这些原则分布于不同的内部控制要素，是对各项内部控制要素的明确要求。

关于研究内部控制通用原则的具体运用，相关文献很少，王玉莹（2007）研究内部控制通用原则在货币资金控制中的应用；杨蓬勃（2014）研究制衡性原则在事业单位内部控制的运用；洪巍（2016）研究全面性原则、重要性原则、制衡性原则、适应性原则和成本效益原则在寿险基层公司内部控制中的应用。

总体来说，关于内部控制通用原则有一定程度的研究，但是，尚缺乏一个具有共识的理论框架；关于内部控制某个要素的原则及通用原则的具体运用之研究，尚缺乏深入。本章致力于通用内部控制通用原则的理论框架之构建。

三、理论框架

本章的目的是提出一个内部控制通用原则的理论框架，为此，需要相互联系地阐释内部控制通用原则的如下基本问题：什么是内部控制通用原则？内部控制通用原则有什么特征？内部控制通用原则有什么作用？内部控制通用原则有哪些？

（一）内部控制通用原则的概念、特征和作用

原则可以从"原"和"则"两个方面来解析，"原"就是根本性的或基本性的，具有不可或缺性；"则"就是规则或准则，二者联合起来，原则就是根本性或基本性的规则或准则。任何事物都有其根本性或基本性的规则或准则，内部控制也不例外，内部控制通用原则是内部控制建立和实施中具有根本性或基本性的规则或准则，缺乏这些原则或不符合这些原则，内部控制很有可能是无效的，而遵守了这些原则，则内部控制的有效性就有了相当的基础。

一般来说，内部控制通用原则具有以下特征：第一，根本性或基本性特征，这个特征的含义是，内部控制通用原则涉及的是内部控制建立和实施的一些重大问题，不是细枝末节的问题；第二，规律性特征，这个特征的含义是，内部控制通用原则是内部控制建立和实施的规律性总结，是人们实践经验的结晶，不是凭空想像的结果，也正是由于它是对内部控制规律性的总结，所以，不能违背这些原则；第三，公认性特征，这个特征的含义是，内部控制通用原则是得到公认的，而不是少数人强加给大家的；第四，普适性特征，这个特征的含义是，内部控制通用原则具有普通适用性，无论何种组织建立和实施内部控制，这些内部控制通用原则都是适用的。正是由于内部控制通用原则的上述特征，从某种意义来说，内部控制通用原则是内部控制建立和实施的普世价值观。

那么，内部控制通用原则有什么作用呢？主要体现在两个方

面，一是指导人们建立和实施内部控制，也就是说，人们在建立和实施内部控制时，需要遵守这些通用原则，需要将这些通用原则与本组织的具体环境结合起来，将这些原则体现在本组织设计和执行的内部控制体系之中；二是作为评估内部控制缺陷的标准，也就是说，人们可以以这些通用原则为标杆来评估内部控制是否存在缺陷，如果所评估的内部控制与通用原则不符合，则可以认定内部控制存在缺陷，尽管内部控制需要针对特定组织的具体环境来建立和实施，但是，内部控制通用原则是普通适用的，不符合这些通用原则的要求，可以将这种偏差判断为内部控制缺陷。

（二）内部控制通用原则的内容

各种版本的 COSO 报告都没有正式提出内部控制通用原则，但是，财政部等颁布的《企业内部控制基本规范》确定了全面性原则、重要性原则、制衡性原则、适应性原则和成本效益原则，财政部颁布的《行政事业单位内部控制规范（试行）》确定了全面性原则、重要性原则、制衡性原则和适应性原则。我们认为，这些通用原则概括了内部控制建立和实施的各个主要方面，具有一定的权威性。但是，内部控制如果要具有适应性并符合成本效益原则，且能达到内部控制目标，就必须是多种控制措施的综合，并且必须是要素齐全的，所以，需要增加两个原则——组合性原则和要素齐全原则。同时，人是内部控制中最重要的因素，既是内部控制的主体，也是内部控制的客体，所以，如何对待人，是内部控制中的重要事项。因此，需要增加以人为本的原则。总体来说，内部控制通用原则包括以下八项：全面性原则、重要性原则、要素齐全原则、组合性原则、制衡性原则、适应性原则、成本效益原则和以人为本原则。下面，对各个原则做一个简要的阐释。

1. 全面性原则

关于全面性原则，《企业内部控制基本规范》的解释是，"内部控制应当贯穿决策、执行和监督全过程，覆盖企业及其所属单位的各种业务和事项"。《行政事业单位内部控制规范（试行）》的解释是，"内部控制应当贯穿单位经济活动的决策、执行和监督全过程，实现对经济活动的全面控制"。

一般来说，内部控制全面性主要涉及内部控制的范围，体现在四个方面，一是全员性，所有的人都要纳入内部控制的范围；二是所有的业务和事项都要纳入内部控制的范围；三是所有的内部组织都纳入内部控制的范围；四是管理的全过程都要纳入内部控制的范围。

全面性原则的依据是，对组织有负面影响的风险对组织的影响范围可能是全面的，为了有效地应对这些风险，必须对风险可能影响的各个方面都要纳入内部控制的范围，所以，需要遵守全面性原则。现实生活中，一些组织发生一些风险事件，很大程度上，是对这些风险事件的相关领域的关注不够。例如，对于管理过程中的决策风险，未能给予应有的风险防范，是许多单位的领导人犯错误的主要原因。

2. 重要性原则

关于重要性原则，《企业内部控制基本规范》的解释是，"内部控制应当在全面控制的基础上，关注重要业务事项和高风险领域"。《行政事业单位内部控制规范（试行）》的解释是，"在全面控制的基础上，内部控制应当关注单位重要经济活动和经济活动的重大风险"。

做任何事情都要抓主要矛盾，组织内部的风险应对也是如此，尽管风险应对要坚持全面性原则，并不是对所有的风险都同等对待，而是要抓住重点领域，以这个领域的风险防范作为内部控制工作的重点，将资源更多地投入到这个领域。重要性原则并没有放弃全面性原则，是在全面性控制的基础性，对某些领域作为重点，这两个原则配合起来，内部控制将更加有效，将更加符合成本效益原则。

3. 要素齐全原则

内部控制是组织内部的风险应对过程，其应对风险有两个逻辑过程，一是寻找风险，二是应对风险。同时，还必须有信息及其沟通来支持风险寻找和风险应对。此外，这种风险应对还必须是持续有效的。基于上述要求，内部控制要素作为组织内部的一个风险应对过程，由风险评估、控制环境、控制活动、信息与沟通和内部监视五大要素组成，风险评估解决风险寻找的问题，控制环境、控制活动解决风险抑制的问题，信息与沟通是其他内部控制要素的信息及沟通平台，内部监视是内部控制各要素持续有效的保障机制。上述这五个要素，缺一不可，没有风险评估，将不知道风险的状况，当然无法有效地应对风险；控制环境、控制活动共同解决风险抑制的问题，但是，二者缺一不可，只有控制环境，就会缺乏有针对性的控制活动，控制效果将缺乏基础，相反，只有控制活动，没有控制环境，控制活动的成本将很高，不符合成本效益原则；缺乏信息与沟通，内部控制其他各要素将是盲人瞎马，如同神经系统破坏的植物人，不可能发挥其功能；没有内部监视，内部控制的缺陷将妨碍内部控制的有效运行，持续有效没有保障。所以，有效的内部控制必须是上述五要素齐全的。

正是在这个意义上，提出要素齐全原则，根据这个原则，任何一个组织在建立和实施风险应对机制时，必须协同地建立和实施上述五个要素；同时，在评估内部控制时，也必须评估其五要素是否齐全、五要素是否协同。

4. 组合性原则

内部控制五要素中，控制环境和控制活动是直接抑制风险的，而控制环境和控制活动各自本身又有多种措施，不同的控制措施，其适用的情形不同，其成本不同，效果也不同，因此，风险抑制措施的选择不能只是依赖于单一的控制措施，而必须是基于控制成本和控制效果综合考虑之后，对各种控制措施进行组合，这个组合有两个层级，一是控制环境和控制活动的组合，不能只是依赖控制活动，而必须是在控制环境的基础上，基于控制成本和控制效果的考虑，再增加一些有针对性的控制活动；二是控制环境和控制活动各自内部的组合，控制环境有多种，控制活动也有多种，需要基于控制成本和控制效果的考虑，对不同的控制环境和控制活动做出组合性选择。只有达到了组合性原则的要求，内部控制才能做到控制成本和控制效果相适宜，符合成本效益原则。

5. 制衡性原则

关于制衡性原则，《企业内部控制基本规范》的解释是，"内部控制应当在治理结构、机构设置及权责分配、业务流程等方面形成相互制约、相互监督，同时兼顾运营效率"。《行政事业单位内部控制规范（试行）》的解释是，"内部控制应当在单位内部的部门管理、职责分工、业务流程等方面形成相互制约和相互监督"。

制衡性原则与组合性原则相关，根据组合性原则，风险抑制需要将控制环境和控制活动的各种控制措施组合起来，不能依赖单一的控制措施。然而，在组合各种控制措施时，不同的控制措施有不同的效率效果，进而决定了不同的控制措施在控制组合中有不同的地位，有的是骨架性的，有的是辅助性的，如同建构一个房屋，房屋的框架结构是骨架性的，其他工程都是辅助性或装饰性的。如果将内部控制比作一个房屋，则这个房屋的框架结构必须是制衡性控制措施，如果不以制衡性控制措施作为内部控制的骨架，而以监督性或其他性质的控制措施作为骨架，则这个内部控制体系的效果可能没有保障，或者是不符合成本效益原则。总体来说，制衡性原则是指抑制风险的内部控制组合中，要以制衡性措施为骨架，其他性质的控制措施为辅助。这个原则的道理是，制衡性控制是将控制置于流程中的控制，正是其所具有的这种特征，决定了这种控制措施具有稳定性，其控制效果具有可预期性，因此，控制效果较好。当然，制衡性原则只是要求以制衡性控制作为风险抑制的骨架，并不排除其他性质的控制措施，所以，这个原则需要与组合性原则联合起来考虑。

6. 适应性原则

关于适应性原则，《企业内部控制基本规范》的解释是，"内部控制应当与企业经营规模、业务范围、竞争状况和风险水平等相适应，并随着情况的变化及时加以调整"。《行政事业单位内部控制规范（试行）》的解释是，"内部控制应当符合国家有关规定和单位的实际情况，并随着外部环境的变化、单位经济活动的调整和管理要求的提高，不断修订和完善"。

适应性原则要求任何组织的内部控制必须是量身定做的，照搬他人的内部控制体系可能是没有效率效果的，这其中的道理很明确，内部控制是组织内部建立和实施的风险应对机制，不同的组织的不同的风险，即使本组织与其他组织有类似的风险，但是，这这些风险相关的环境因素也不同，组织中的人也不同，因此，需要不同的应对机制。

根据适应性原则，任何组织都要从本组织的具体环境出发做建立和实施内部控制，不能照搬他人的内部控制。那么，这个原则是否与内部控制通用原则相违背呢？既然要有适应性，如何又有通用原则呢？这里的适应性是指要遵守内部控制通用原则基础上的适应性，内部控制通用原则、内部控制假设类及内部控制五要素似于内部控制的基本原理，这些基本原理在所有的组织都有共性，但是，这些基本原理的应用在不同的组织会有不同的特征，任何一个组织，需要根据本组织的特征来应用这些内部控制基本原理。适应性还有另外一个含义，就是对于权威组织颁布的内部控制规范，这个规范的内容可能超出内部控制基本原理的范围，对内部控制提出了一些要求，但是，无论如何，这些要求还需要根据组织的特征来落实，并不是机械式地照搬。

7. 成本效益原则

关于成本效益原则。《企业内部控制基本规范》的解释是，"内部控制应当权衡实施成本与预期效益，以适当的成本实现有效控制"。《行政事业单位内部控制规范（试行）》没有这项原则。

内部控制是抑制风险的机制，之所以要抑制风险，是为了防止或降低风险给本组织带来的负面影响或损失，抑制了这些风险，就会防止或降低这些损失，这就形成的控制收益；但是，抑制风险是需要进行风险识别，并建立和实施风险应对措施，还需要持续改进这些机制，这都需要花费资源，也就形成了控制成本。对于特定的风险是否需要控制，控制到何种程度，用什么方法控制，需要将控制收益与控制成本联合起来考虑，任何选择，只有控制收益大于控制成本才是正确的选择，就是成本效益原则。

当然，这里的控制成本和控制效益可能有两个角度，一是从本组织的角度，二是从社会的角度，选择的角度不同，对成本效益的考虑范围也不同，从而会得出不同的结论。一般来说，企业组织可能主要是本组织的角度来考虑，而公共部门则不一定只是从本组织的角度来考虑，在某些情形下，对于特定的公共组织来说是符合成本效益原则的，但是，从社会的角度来看，不一定符合成本效益原则，也正是这个原因，《行政事业单位内部控制规范（试行）》没有将成本效益原则作为行政事业单位内部控制的基本原则。

8. 以人为本原则

人是内部控制中最重要的因素，既是内部控制的主体，也是内部控制的客体，所以，如何对待人，是内部控制中的重要事项。内部控制中的以人为本，就是内部控制的建立和实施要以人为"根本"，内部控制的建立和实施，要以人为出发点和中心，围绕着激发和调动人的主动性、积极性、创造性来展开，具体现在以下几方面：第一，以人为本的内部控制要求在内部控制过程中以人为出发点和中心的指导思想；第二，以人为本的内部控制要求围绕着激发和调动人的主动性、积极性和创造性来展开；第三，以人为本的内部控制要求致力于人与组织的共同发展。

四、例证分析

本章以上提出了一个内部控制通用原则的理论框架，然而，这个理论框架是否正确呢？由于数据的原因，这个原则无法进行实证检验。下面，我们用这个理论框架来分析两个例证，以一定程度上验证这个理论框架的解释力。

（一）为什么会有风险承受策略？

财政部等颁布的《企业内部控制基本规范》第二十六条规定，"企业应当综合运用风险规避、风险降低、风险分担和风险承受等风险应对策略，实现对风险的有效控制。""风险承受是企业对风险承受度之内的风险，在权衡成本效益之后，不准备采取控制措施降低风险或者减轻损失的策略。"

这里的"不准备采取控制措施"，并不是完全没有控制措施，而是指没有量身定做地为特定的风险建立和实施具有针对性的控制措施，但是，控制环境是在对该风险发挥作用。问题的关键是，为什么会有风险承受这种策略？这里的主要原因是成本效益原则，风险承受策略通常适用于风险期望值或风险因素期望值较低的风险，即使没有量身定做的控制，风险期望值或风险因素期望值已经低于可容忍程度，发生可能性低，发生以后的影响程度也低，对于这种风险，如果再建立和实施量身定做的控制措施，可能会出现控制成本高于其所抑制的风险期望值，从而不符合成本效益原则。正是基于成本效益原则的考虑，对于某些风险期望值或风险因素期望值较低的风险，就采取风险承受策略。这里的道理与本章的提出的理论框架相一致。

（二）抑制风险的内部控制措施是否是控制环境和控制活动的组合

郑石桥等（2009）对企业内部控制结构类型及效果的调查有如下发现：内部控制结构分为控制环境主导型、控制活动主导型、环境及活动并重型、环境及活动双弱型，控制环境主导型主要重视控制环境，控制活动主导型主要重视控制活动，环境及活动并重型是同时重视控制环境和控制活动，环境及活动双弱型是对控制环境和控制活动都不重视。不同的内部控制类型下，其内部控制目标的实现程度如表1所示。很显然，风险抑制的两个要素——控制环境和控制活动越是组合起来，内部控制目标实现程度越高。这个结果表明，控制环境和控制活动的组合是实现内部控制的目标的手段，这与本章的理论框架相一致。

表 1 企业内部控制目标实现程度

	N	平均得分	标准差
环境及活动双弱型	18	77.2955	6.46950
控制环境主导型	4	84.0210	5.07593
控制活动主导型	21	85.1777	4.13173
环境及活动并重型	103	88.6632	7.03938
Total	146	86.6332	7.54313

五、结论和启示

内部控制是组织内部建立和实施的风险应对机制。然而，建立和实施这个风险应对机制必须遵守内部控制通用原则，离开这些通用原则，内部控制要么是不能达到其预期的目标，要么是不符合成本效益地达到了其预期目标。本章在现有文献的基础上，提出一个关于内部控制通用原则的理论框架，涉及四个问题：什么是内部控制通用原则？内部控制通用原则有什么特征？内部控制通用原则有什么作用？内部控制通用原则有哪些？

控制通用原则是内部控制建立和实施中具有根本性或基本性的规则或准则，具有根本性、规律性、公认性、普适性特征，是内部控制建立和实施的普世价值观。内部控制通用原则的作用有两个方面，一是指导人们建立和实施内部控制，二是作为评估内部控制缺陷的标准。内部控制通用原则包括全面性原则、重要性原则、要素齐全原则、组合性原则、制衡性原则、适应性原则、成本效益原则和以人为本原则。

本章的研究启示我们，内部控制建立和实施并非没有共性，一些以长期的实践经验为基础总结出来的内部控制通用原则是任何组织建立和内部控制都必须遵守的，了解这些通用原则并结合本组织的具体情况来应用这些通用原则，是内部控制有效性的基础。

参考文献

周德孚，企业内部控制制度的基本原则 [J]，上海医药，1999，（3）：33—36。

王惠玲，浅议企业内部控制建设原则 [J]，时代金融，2006，（10）：75—76。

赵艳丽，企业内部控制制度建设的原则、要素及实施 [J]，产业与科技论坛，2008，（12）：242—243.

刘娅博，建立健全企业内部控制制度的原则和措施［J］，现代商业，2013，（29）：130。

徐惠强，企业内部控制的原则和辩证关系［J］，现代企业，2014，（12）：12—13。

刘国强，行政事业单位核心业务内部控制原则初探［J］，财会学习，2014，（1）：60—62。

刘永泽，况玉书，美国联邦政府内部控制准则：比较与借鉴［J］，会计之友，2015，（13）：75—79。

Committee of Sponsoring Organizations of the Treadway Commission, Internal Control-Integrated Framework, 2013.

王玉莹，关于企业货币资金内部控制原则的探讨［J］，商业文化，2007，（4）：47—48。

杨蓬勃，对事业单位内部控制中制衡性原则的思考［J］，行政事业资产与财务，2014，（18）：105—106。

洪巍，寿险基层公司内部控制五原则［J］，中国保险，2016，（2）：36—38。

9. 内部控制要素：理论框架和例证分析

【内容摘要】内部控制要素是内部控制元素中涉及如何控制的构件，它与内部控制假设和内部控制通用原则共同组成组织内部的风险应对机制，是旨在实现控制目标的一个过程，其方法论基础是过程方法，通过过程策划和持续改进，持续可靠地保障内部控制目标的实现。内部控制要素作为一个风险应对过程，由五大要素组成：风险评估、控制环境、控制活动、信息与沟通、内部监视，风险评估这个要素解决风险寻找的问题，控制环境、控制活动这两个要素解决风险抑制的问题，信息与沟通是其他要素的信息及沟通平台，内部监视是持续改进机制。

一、引言

内部控制要素是内部控制组成元素的一部分，是内部控制元素中涉及如何控制的要素，很显然，它是内部控制构建的实施的最重要内容之一，也是内部控制是否真正有效的关键。现有文献对内部控制要素有一定的研究，COSO报告确定的内部控制要素是主要观点。然而，COSO 报告对内部控制要素的方法论基础和要素之间的逻辑关系尚未清楚地阐明。本章以内部控制本质为基础，阐明上述问题，提出一个内部控制要素的理论框架。

随后的内容安排如下：首先是一个简要的文献综述，梳理内部控制要素的相关文献；在此基础上，基于内部控制是组织内部建立和实施的风险应对机制这种内部控制本质，提出一个关于内部控制要素的理论框架；然后用这个理论框架来分析一个例证，以一定程度上验证这个理论框架的解释力；最后是结论和启示。

二、文献综述

内部控制要素相关的文献不少，主要分为两类，一是职业组织的文献，二是学术研究性文献，我们分别介绍。

（一）职业组织的文献

职业组织的文献中，内部控制要素有四种观点：二要素观，三要素观，五要素观，八要素观（郑石桥，2008）。二要素观是 1953 年 10 月，审计程序委员会发布《审计程序公告第 19 号》（SAPNo. 19），将内部控制划分为会计控制和管理控制。三要素观是 1988 年，审计准则委员会发布第 55 号《审计准则公告》，正式提出内部控制结构，认为内部控制结构由控制环境、会计系统和控制程序三部分组成。五要素观是 COSO 于 1992 年提出内部控制整合框架中提出的，五要素包括：控制环境、风险评估、控制活动、信息与沟通、内部监视。中国财政部于 2008 年颁布的《企业内部控制基本规范》也采用这种观点。八要素观是 COSO 于 2004 年提出风险管理整合框架中提出的，八要素包括控制环境、目标设定、风险识别、风险分析、风险应对策略、控制活动、信息与沟通、内部监视。COSO 于 2013 和 2017 对上述文献做了修订，但是，内部控制要素并无变化。从职业组织的上述文献来看，内部控制要素都是涉及如何控制的问题，并不是内部控制的全部组成元素。

此外，有些职业组织将内部控制分为组织层面的控制与业务层面的控制两类，2012 年，财政部、证监会、审计署、银监会和保监会联合发布的《企业内部控制审计指引》提出了企业层面控制这个概念，并且将下列内容界定为企业层面控制：与内部环境相关的控制；针对管理层和治理层凌驾于控制之上的风险而设计的控制；被审计单位的风险评估过程；对内部信息传递和期末财务报告流程的控制；对控制有效性的内部监督（即监督其他控制的控制）和内部控制评价。很显然，根据这个界定，内部控制五要素中，除了控制活动之外，其他都属于企业层面控制。中国财政部于 2012 年颁布的《行政事业单位内部控制规范（试行）》也采用这种观点，将内部控制区分为单位层面的控制与业务层面的控制两种类型，单位层面的控制包括：单位应当单独设置内部控制职能部门或者确定内部控制牵头部门，决策、执行和监督应当相互分离，关键岗位责任制，关键岗位工作人员的资格和能力；业务层面主要是各类经济活动中的控制。尽管上述两个文件都将内部控制分为两个层面，但是，《企业内部控制审计指引》中的内部控制是特指财务报告内部控制，其企业层面控制是指对财务报告整体有影响的控制，以区别于只影响特定交易、余额、列报的控制。《行政事业单位内部控制规范（试行）》界定的单位层面的控制，只指单位这个层面应该负面的内部控制，而业务层面的控制是指各特定的业务领域中应该建立的内部控制。可见，关于控制二分法的两个文件，对内部控制的二类划分也是不同的。

（二）学术研究性文献

学术研究性文献多数赞同 COSO1992 年的五要素或 COSO2004 年的八要素（郑石桥等，2009；钟玮，唐海秀，2010；刘永泽，张亮，2012；刘永泽，唐大鹏，2013）。但是，也有些文献提出了不同于 COSO 的观点。郭兰英（1998）认为，内部控制制度的要素可概括为职务分工控制、授权批准控制、业务记录控制、人员素质控制、内部审计控制。刘实（2001）认为，内部控制包括 6 个构成要素：恰当的组织结构，优良的信息管理，有效的激励与约束方法，良好的人员素质，适用的企业文化，科学的风险管理。姚友胜（2004）认为，在网络环境下，信息与沟通已不再成为内部控制中难以解决的问题，所以，内部控制要素主要有控制环境、风险评估和控制活动。刘金文（2004）认为，内部控制要素包括控制环境、控制系统、监督与评价。何建国、喻天柱（2008）认为，内部控制机制和内部控制信息构成了内部控制二元整体。王竹泉、隋敏（2010）提出"控制结构＋企业文化"是内部控制要素。汪芳（2011）根据"免疫系统"论，将内部控制要素概括为风险识别、风险评估和风险应对。总体来说，上述学术性文献中不同于 COSO 的观点主要是对内部控制要素的分类不同，基本上无实质性增减。

上述两方面的文献综述显示，COSO1992 年的五要素或

COSO2004 年的八要素具有较广泛的包容性，其他各种不同的观点主要是对 COSO 内部控制要素的不同分类，对于如何控制的手段或方法并无实质性增减。同时，COSO 报告尚有两个问题需要进一步从理论上阐释，一是内部控制要素的方法论基础，也就是从理论上说清楚为什么会是这些要素；二是内部控制要素之间的逻辑关系，也就是从理论上说这些要素之间是什么关系。本文所致力于上述问题。

三、理论框架

本章的目的是提出一个关于内部控制要素的理论框架，为此，需要阐释三个基础性的问题，第一，内部控制要素的界定，也就是解释清楚什么是内部控制要素；第二，内部控制要素的理论基础，也就是解释清楚建构内部控制要素以什么作为其方法论基础；第三，内部控制要素的构成，也就是解释清楚，内部控制要素究竟包括哪些内容，各要素之间是什么样的逻辑关系。

（一）内部控制要素的界定

不能顾名思义地认为内部控制要素是内部控制的组成元素，有些内部控制元素并不是内部控制要素，内部控制要素有特定含义，内部控制要素只是内部控制元素的一部分（郑石桥，周永麟，刘华，2000）。那么，内部控制元素有哪些？哪些又是内部控制要素？

内部控制是组织内部建立和实施的风险应对机制，根据内部控制的这个本质表明，内部控制包括以下元素：（1）谁在控制，这个元素就是内部控制主体；（2）控制谁，这个元素就是内部控制客体；（3）控制什么，这个元素就是内部控制内容；（4）期望控制得到什么结果，这个元素就是内部控制目标；（5）如何控制，这个元素就是风险应对机制本身的构造。

很显然，内部控制主体、内部控制客体、内部控制内容、内部控制目标这些内部控制元素不是内部控制要素，内部控制要素与风险应对机制也不能划等号，内部控制要素只是风险应对机制的组成部分。一般来说，风险应对机制所以解决的主要问题是如何应对风险，包括三部分内部，一是风险应对机制构建和实施的前提，一般称为内部控制假设；二是风险应对机制构建和实施的基本要求或原则，一般称为内部控制通用原则；三是风险应对的具体方法，一般认为，风险应对是一个寻找风险和抑制风险的过程，通过这个过程，将风险控制到可容忍的程度，这个风险应对过程的组成要素就是内部控制要素。

以上分析的内部控制、风险应对机制及内部控制要素三者之间的关系，归纳起来如表1所示。

表1 内部控制、风险应对机制及内部控制要素三者的关系

内部控制						
内部控制	内部控制	内部控制	内部控制	风险应对机制		
×	×	×	×	内部控制假设	内部控制通用原则	内部控制
×	×	×	×	要素		
×	×	×	×	×	×	内部控制中涉及如何控制的各元素

下面，我们对内部控制要素与其他控制其他元素之间的关系做简要的分析。内部控制要素是内部控制主体用于应对风险的过程，也就是控制主体应对风险的手段；内部控制要素对风险的应对最终要落实在内部控制客体，内部控制客体是内部控制要素对风险进行控制的标的物；内部控制要素控制的风险就是内部控制内容；内部控制要素是内部控制目标实现的手段，或者说，内部控制目标是内部控制要素希望得到的结果；内部控制假设是内部控制要素发挥作用的前提条件；内部控制通用原则是对内部控制要素设计及执行的基本要求。

（二）内部控制要素的理论基础：过程方法

内部控制要素是内部控制中涉及如何控制的各元素，那么，内部控制究竟如何控制呢？我们先来探究其方法论基础。COSO 报告及中国的《企业内部控制基本规范》都将内部控制界定为旨在实现控制目标的一个过程。很显然，内部控制的方法论基础是过程方法。

过程方法的核心理念是，过程是目标的保障，为了持续可行地实现某种目标，必须建立一个持续可靠地实现这个目标的过程，持续可靠的过程是持续可靠地实现某种目标的保障，过程是手段，目标是结果。过程怎么都能成为目标的保障呢？过程方法有两个关键点，一是过程策划，二是持续改进。过程策划就是对实现目标的过程进行精心安排和选择，因为实现特定目标可能有不同的过程方案，过程策划要求寻找最佳的过程方案，这就需要对每个具体的过程活动进行必要的分析，才能真正地实现策划的目的。持续改进是指过程本身需要不断地改进，这里的原因有两个方面，一是原来策划的过程可能并不一定的最优的，还可以进行改进；二是原来的环境条件可能发生了变化，原来最优的过程可能现在并不是最优的。那么，怎么才能持续改进呢？主要的手段是过程评估，通过过程评估，发现过程的缺陷，并对这些缺陷进行改进。上述过程方法体现为 PDCA 循环。P（Plan）—计划：包括方针和目标的确定以及活动计划的制定；D（DO）—执行：执行就是具体运作，实现计划中的内容；C（Check）—检查：就是要总结执行计划的结果，分清哪些对了，哪些错了，明确效果，找出问题；A（Act）—行动（或处理）：对总结检查的结果进行处理，成功的经验加以肯定，并予以标准化，便于以后工作时遵循；对于失败的教训也要总结，以免重现。上述 PDCA 循环如图 1 所示，该图的每个圆圈体现了一次 PDCA 循环，前后两个次 PDCA 循环则体现了持续改进（周玲玲，袁心波，2003；刘妍，李耘涛，2007；敖景，2016）。

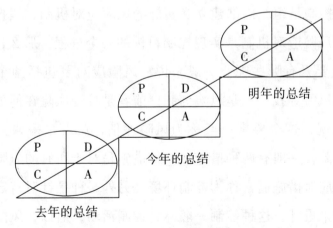

图 1 PDCA 循环图

过程方法主要用于质量管理体系、环境管理体系和职业健康安全管理体系，事实上，过程方法完全可以用于内部控制。从本质上来说，内部控制是组织内部建立和实施的风险应对机制，如何应对风险呢？COSO报告及中国的《企业内部控制基本规范》认为，内部控制是旨在实现控制目标的一个过程。根据过程方法，首先要确定内部控制目标，然后，建立一个可持续可靠地实现这个目标的过程，内部控制目标是这个过程希望得到的结果，则内部控制过程则是这个目标的实现手段。同时，为了持续可靠地实现这个目标，这种过程也必须是选择可靠的，为此，这个过程必须持续改进，其手段是过程评估，也称为内部控制鉴证。所以，从方法论来说，内部控制与质量管理体系、环境管理体系和职业健康安全管理体系并无实质性区别，都是先有目标，然后建立一个持续可靠的过程来持续可靠地实现这个目标。

（三）内部控制要素的构成及其逻辑关系

内部控制是组织内部建立和实施的风险应对机制，根据过程方法，这个风险应对机制是实现控制目标的一个过程，那么，这个过程的构成要素有哪些呢？一般来说，风险应对要包括两个逻辑过程，一是风险寻找，二是风险抑制，前者是找到风险在何处，并搞清楚其状况，这个要素一般称为风险评估，后者是采取一些措施来控制风险，一般有两种措施，一种措施是对于所有的风险都有作用，这种应对措施通常称为控制环境，另外一种是针对特定的风险量身定做来设计，这种控制一般称为控制活动，所以，风险评估完成了风险寻找这个逻辑过程，而控制环境和控制活动则完成了风险抑制这个逻辑过程，风险评估、控制环境和控制活动，三者共同组成了一个过程。然而，这个过程尚有两个缺项，一是无法实现持续改进，甚至无法实现持续有效，所以，必须有一个要素对内部控制进行评估，以及时发现其缺陷而予以改进，这就产生了内部监视这个要素，这个要素的主要功能是保障内部控制这个过程持续有效。同时，内部控制作为一个过程，如果缺乏信息与沟通，则风险评估、控制环境、控制活动、内部监视都如同盲人瞎马，无法营运，所以，需要信息与沟通这个要素为其他要素的营运提供信息，并且，这些信息还要有一个有效的沟通机制。如此一来，内部控制要素作为实现控制目标的一个过程，就包括了五个要素：风险评估、控制环境、控制活动、信息与沟通、内部监视，它们之间的关系如图2所示。

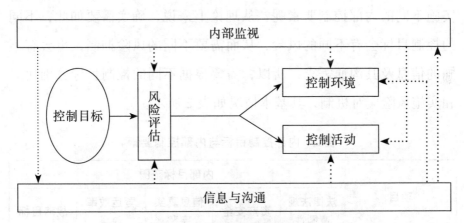

图 2　内部控制要素关系图

图2中，风险评估的主要功能是找到风险并搞清楚其基本状况，控制环境和控制活动的主要功能是风险抑制，控制环境对所有的风险都有抑制作用，控制活动则是针对特定的风险来量身定做地设计，信息与沟通主要是为其他各要素提供信息，内部监视的主要功能是对其他各要素进行评估，以保持这个要素的持续有效。

风险评估、控制环境、控制活动、信息与沟通、内部监视也就是 COSO 报告确定的内部控制五要素，不过，COSO 报告的排列顺序是控制环境作为第一要素，这其中的原因是，控制环境中包括组织高层对于风险的基调，也就是这个组织的高层对待风险的态度，这个基调当然是内部控制的逻辑起点，如果这个基调不适宜，则该组织的内部控制实质上也就失去了起点。另外，COSO 报告确定的风险管理框架是八要素，事实上，风险管理八要素与内部控制五要素无实质性区别，因为八要素中的目标设定、风险识别、风险分析、风险应对策略这些要素共同组成五要素中的风险评估。

既然内部控制要素是旨在实现控制目标的过程的构件，然而，内部控制目标有多种，是否要针对不同的内部控制目标分别构建和实施不同的内部控制要素呢？从理论上来说，确实需要如此，不同的控制目标会有不同的风险，从而需要不同的风险抑制，也会有不同的信息及其沟通需求，所以，需要根据不同的控制目标分别建立和实施风险应对机制，其基本情况如表 2 所示。

表 2　内部控制目标与内部控制要素

项目		内部目标范围				
		法律法规遵循性	资产安全	信息真实完整	营运效率效果	战略目标
	风险评估	★	★	★	★	★
内部控制要素	控制环境	★	★	★	★	★
	控制活动	★	★	★	★	★
	信息与沟通	★	★	★	★	★
	内部监视	★	★	★	★	★
★表示有这种内部控制要素						

然而，针对不同控制目标所建立的内部控制要素，会存在很大的共性，或者说，针对某一内部控制目标建立的内部控制要素，对于其他控制目标来说，也会有较大的效果，所以，针对不同控制目标建立的内部控制要素会有很大的共性，这也说明，按不同内部控制目标建立的内部控制要素需要整合，形成协调一致且为各个控制目标的实现提供预期保障程度的内部控制要素。

四、例证分析

以内部控制是组织内部建立和实施的风险应对机制为基础，本章提出了一个内部控制要素的理论框架，内部控制要素组成实现控制目标的一个过程，这个过程的要素包括风险评估、控制环境、控制活动、信息与沟通、内部监视。下面，我们用这个理论框架来分析两个例证，以一定程度上验证这个理论框架的解释力。

郑石桥等（2009）对企业内部控制结构类型及效果的调查有如下发现：内部控制结构分为控制环境主导型、控制活动主导型、环境及活动并重型、环境及活动双弱型；不同类型的内部控制结构，控制目标实现程度不同，控制环境主导型、控制活动主导型和环境及活动并重型内部控制结构的企业，其控制目标实现程度较高，而环境及活动双弱型内部控制结构的企业，其控制目标实现程度较低。

内部控制类型的划分是以企业对控制环境和控制活动的重视程度来划分的，如图 3 所示，很显然，不同的内部控制类型是对风险抑制的两个要素——控制环境和控制活动的重视程度不同，控制环境主导型主要重视控制环境；控制活动主导型主要重视控制活动；环境及活动并重型是同时重视控制环境和控制活动；环境及活动双弱型是对控制环境和控制活动都不重视。

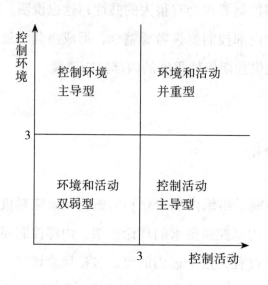

图 3　内部控制类型

不同的内部控制类型下，其内部控制目标的实现程度如表 3 所示。很显然，风险抑制的两个要素——控制环境和控制活动越是得到重视，内部控制目标实现程度越高。

表 3　企业内部控制目标实现程度

	N	平均得分	标准差
环境及活动双弱型	18	77.2955	6.46950
控制环境主导型	4	84.0210	5.07593
控制活动主导型	21	85.1777	4.13173
环境及活动并重型	103	88.6632	7.03938
Total	146	86.6332	7.54313

郑石桥等（2009）对企业内部控制结构类型及效果的调查表明，控制环境和控制活动是实现内部控制目标的手段，这与本章提出的内部控制要素理论框架相一致。

五、结论和启示

内部控制是组织内部建立和实施的风险应对机制，"如何控制"是其基本问题之一。针对这个基本问题，本文研究三个基础性的问题，第一，内部控制要素的界定；第二，内部控制要素的方法论基础；第三，内部控制要素的构成及其逻辑关系。

内部控制要素是内部控制元素中涉及如何控制的构件，它与内部控制假设和内部控制通用原则共同组成组织内部的风险应对机制，是旨在实现控制目标的一个过程，其方法论基础是过程方法，通过过程策划和持续改进，持续可靠地保障内部控制目标的实现。内部控制要素作为一个风险应对过程，由五大要素组成：风险评估、控制环境、控制活动、信息与沟通、内部监视，要素风险评估解决风险寻找的问题，控制环境、控制活动这两个要素解决风险抑制的问题，信息与沟通是其他要素的信息及沟通平台，内部监视是持续改进机制。

本章的研究再次启示我们，不谋全局，不足谋一域，内部控制的研究，如果只是就某个局部问题来研究该问题，可能难以得出正确结论。对于内部控制要素的研究，如果不联系内部控制本质、内部控制目标等内容来研究，可能就不会将内部控制要素界定为旨在实现控制目标的"过程"，不会定位在"过程"构件，也不会涉及过程方法，从而出现内部控制要素的多种观点，这些不同的观点，表面上是学术分歧，事实上是混淆了内部控制要素与其他内部控制元素，是虚假的学术繁荣。

参考文献

郑石桥，主编，内部控制原理［M］，新疆科技出版社，2008年。

郑石桥，徐国强，邓柯，王建军，内部控制结构类型、影响因素及效果研究［J］，审计研究，2009，（1）：81—86。

钟玮，唐海秀，内部控制系统要素功能耦合与动态演进［J］，审计研究，2010，（4）：52—56。

刘永泽，张亮，我国政府部门内部控制框架体系的构建研究［J］，会计研究，2012，（1）：10—19。

刘永泽，唐大鹏，关于行政事业单位内部控制的几个问题［J］，会计研究，2013，（1）：57—62。

郭兰英，内部控制制度要素及其分类的探讨［J］，山西财经大学学报，1998，（2）：66—69。

刘实，论有效内部控制的构成要素［J］，审计研究，2001，（4）：2—4＋28。

姚友胜，基于网络的企业内部控制及其要素特征［J］，审计与经济研究，2004，（11）：61—63。

刘金文，"三要素"：内部控制理论框架的最佳组合［J］，审计研究，2004，（2）：83—85。

何建国，喻天柱，论内部控制二元整体［J］，财会月刊，2008，（2）：3—5。

王竹泉，隋敏，控制结构＋企业文化：内部控制要素新二元论 [J]，会计研究，2010，（3）：28—35。

汪芳，基于免疫系统观的内部控制要素解读 [J]，财会通讯，2011，（4）：111—112。

郑石桥，周永麟，刘华，现代企业内部控制系统 [M]，立信会计出版社，2000年。

周玲玲，袁心波，质量管理体系的过程方法 [J]，标准科学，2003，（6）：26—28。

刘妍，李耘涛，过程与过程方法在质量管理体系中的应用 [J]，科研管理研究，2007，（7）：86—88。

敖景，过程方法 [M]，中国标准出版社，2016年。

郑石桥，徐国强，邓柯，王建军，内部控制结构类型、影响因素及效果研究 [J]，审计研究，2009，（1）：81—86。

$10.$ 风险评估：理论框架和例证分析

【内容摘要】风险评估是一定的主体采用一定的方法对风险或风险要素进行的识别、分析及监测，包括特定风险评估和整体风险评估两种类型。特定风险评估是为确定该特定风险的应对措施服务的，包括三个步骤：一是风险识别，二是风险分析，三是风险应对策略的选择。整体风险评估是以风险管理单位作为一个整体来进行风险评估，既可以将该风险管理单位的全部风险都纳入评估内容，称为整体综合风险评估；也可以只关注该风险管理单位的某类风险，这种情形的整体风险评估称为整体专项风险评估。整体风险评估的逻辑步骤包括确定风险指标体系和对。

一、引言

内部控制要素是内部控制元素中涉及如何控制的构件，包括风险评估、控制环境、控制活动、信息与沟通、内部监视五大要素，本章关注其中的风险评估。

内部控制是组织内部建立和实施的风险应对机制，而风险应对的前提是知道风险的状况，这主要依赖于风险评估。从现实状况来说，不少的组织并不重视风险评估，所以，经常面临事件，应急管理似乎成为常态，这些组织的管理事实上处于危机管理的态势。所以，风险评估是内部控制制度建构的重要要件，是任何一个组织从危机管理态势过渡到常态管理的前提。

现有文献对风险评估有不少的研究，但是，主要是在各个特定的领域内研究该特定领域的风险评估、风险分析、风险监测等的理论和方法，尚没有一般性的风险评估理论框架。本章在现在文献的基础上，拟提出一个一般性的、简要的风险评估理论框架。

随后的内容安排如下：首先是一个简要的文献综述；在此基础上，以一般风险评估为基础，提出一个简要的风险评估理论框架；然后，用这个理论框架来解释一个例证，以一定程度上验证这个理论框架的解释力；最后是结论和启示。

二、文献综述

风险评估有不少的研究文献，根据这些文献的研究主题，可以分为四类，一是研究特定风险评估的文献，二是研究整体风险评估的文献，三是研究风险衡量的文献，四是研究风险监测的文献。

特定风险评估是针对特定的个别风险进行评估，其目的是为确定该特定风险的应对措施服务，这些文献主要研究风险评估的方法，有两类观点，一类文献认为，风险评估包括四个步骤：目标设定，风险识别，风险分析，风险应对策略的确定，这种观点的特征是，强调风险识别是以目标设定为前提，风险是与目标相关系的，这里的风险是对特定目标有负面影响的事项或因素。COSO（1992）内部控制整合框架和COSO（2004）风险管理整合框架都是这种观点，我国财政部颁布的《企业内部控制基本规范》也是这种观点，一些学术性文献也持这种观点（谢志华，2007；李玉环，2008；吕阳，张向达，2013；冯宽，2015）。另有一些文献认为，风险评估包括三个步骤：风险识别，风险分析，风险应对策略的确定（王金凤，李冬梅，张同全，2012；李富强，王立勇，2013），这种观点并不强调目标设定是风险识别的前提，这里的风险是对特定组织有负面影响的事项或因素。事实上，这二者并无实质性区别，如果一个组织在各个方面都有目标，则对组织有负面影响的事项或因素，一定会落在某个目标；当然，如果该组织在各个方面并没有清晰的目标，对影响有负面影响的事项或因素并不能完全都落在某个目标，此时，从对组织带来负面影响这个视角来识别风险，可能更加具有合理性。

整体风险评估是对特定组织所面临的全部风险或某类进行整体评估，这类研究通常关注两个主要问题，一是风险评估的指标体系，针对不同的组织或者组织面临的不同风险，提出了许多的风险评估指标体系；二是风险评估的技术方法，主要研究如何将单个指标组成的指标体系形成综合评估结果，解决无量纲和权重问题（课题组，2010；路勇，2011；魏巍，朱卫东，王锦，2011；徐华，魏孟欣，陈析，2016；胡贤德等，2017）。

此外，还有许多文献以数学方法为基础，研究特定风险的衡量和监测（李庭辉，许涤龙，2007；张昇平，2007；黄明理，安启雷，2009；李志辉，李源，李政，2016），这些研究对风险评估中的风险分析也有一定的启发作用。

总体来说，现有文献主要是在各个特定的领域内研究该特定领域的风险评估、风险分析、风险监测等的理论和方法，尚没有一般性的风险评估理论框架。

三、理论框架

风险评估的内容非常丰富，不同的特定领域都有各自的风险评估理论和方法，本章的目的是提出一个简要的、一般性的风险评估理论框架，简要探究风险评估的几个基础性问题，包括：风险评估的概念、目的和类型；特定风险评估框架；整体风险评估框架。

（一）风险评估的概念、目的和类型

风险评估是一定的主体采用一定的方法对风险或风险要素进行的识别、分析及监测。这个概念包括以下四个方面的含义：第一，风险评估是一定的主体实施的，这种的主体就是风险评估者，既可能是组织内部的主体，也可能是组织外部的主体；第二，风险评估要采用系统的方法，并不是随心所欲，也不是毫无章法，当然，不同的领域，所用到的风险评估方法既有共性，也有差异；第三，风险评估对象可能是风险，也可能是某些风险要素；第四，风险评估是对评估对象的识别、分析及监测，包括识别、分析及监测三种不同的职能，识别是找到风险或风险要素，分析是用一定的方法对风险或风险要素进行测度，监测是通过一定的手段对风险或风险要素进行跟踪。对于特定的风险来说，风险识别和分析是必须的，没有识别和分析是无法搞清楚风险状况的，而风险监测则强调动态跟踪风险的状况，并不是所有的风险都需要动态跟踪，也不是所有的风险都能动态跟踪，所以，风险监测只是适用于某些风险，一般是能定量的重大风险。上述风险评估对象与职能的匹配关系归纳起来，如表1所示。

表1　风险评估对象与职能的匹配关系

项目		风险评估职能		
		识别	分析	监测
风险评估对象	风险	★	★	☆
	风险要素	★	★	☆
★表示必须的职能，☆表示选择性职能				

风险评估的目的有两种情形，一是对于特定风险的评估，以确定针对该风险的应对策略和措施；二是对一个风险管理单位的风险进行整体评估，以评定该风险管理单位的风险等级，或对该风险管理单位进行风险定价，或者是评价该风险管理单位的风险管理绩效。前者一般称为特定风险评估，后者一般称为整体风险评估。基于不同目的的风险评估，其评定的风险内容不同，评估风险的方法也不同。下面，分别简要地阐释这两种风险评估的逻辑过程。

（二）特定风险评估的逻辑框架

特定风险评估是为确定该特定风险的应对措施服务的，所以，它需要搞清楚特定风险的状况，从逻辑上来说，特定风险评估包括三个步骤：一是风险识别，二是风险分析，三是风险应对策略的选择。下面，我们分别来阐释上述三个逻辑步骤。

1. 风险识别

风险识别是采用系统方法对特定风险或风险因素的寻找，也就是知道有那些风险或风险因素。这里有两个关键词，一是"采用系统方法"，也就是说，风险识别是有系统方法的，并不是随心所欲。当然，不同的专门领域，其风险识别的方法不同，目前，尚无通用的风险识别方法或逻辑框架。二是"风险或风险因素"，采用系统方法要识别的是风险或风险因素，有三种可能性，一是风险本身，二是风险事件，三是风险因素，这三者的关系是，风险因素导致风险事件，而风险事件导致风险。在风险识别中，识别出来的，可能是风险本身，也可能是风险事件，还可能是风险因素，由于三者的这种因果关系，所以，风险识别可能对三者都关注。

2. 风险分析

风险分析是采用系统方法对特定风险或风险因素的分析，有两个分析维度，一是分析特定风险或风险因素发生的可能性，二是分析该特定风险或风险因素发生后可能带来的后果或对组织目标或组织带来的负面影响的程度。上述两维度或其中的任何一个维度，都可以称为风险度量，如果有足够的数据，可以形成一定的风险分析模型（例如，蒙特卡罗方法），如果没有足够的数据，也可以通过定性的方式来进行定量评价，例如，区分为不同的等级程度。由于每个风险或风险因素都分析了可能性和后果，两个维度组合起来，形成风险坐标图如图1所示。二者组合的数值一般称为风险期望值或风险因素期望值。

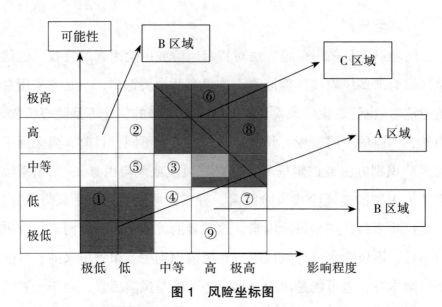

图 1　风险坐标图

由于风险因素和风险之间具有因果关系，所以，风险分析还可以为风险因素和风险之间建立模型，通过风险因素的变动来分析风险的变动。这种情形通常适用于因素关系已经得到验证的风险及其风险因素。

对于定量的重大风险或风险因素，如果需要的话，可以对其进行持续动态监测，这就是风险监测。从某种意义来说，风险监测是对特定风险或风险因素的持续分析。

3. 风险应对策略的选择

风险应对策略是风险分析结果的应用，是根据风险分析结果，对应对特定风险的策略之选择。一般来说，有四种策略：风险承受策略、风险降低策略、风险分担策略、风险规避策略，不同的策略适用于不同的风险状况。根据图 1 所示的风险坐标图，不同风险应对策略的含义及适用范围如下：

（1）风险承受策略：一般来说，控制环境和控制活动是应对风险的主要手段，而控制环境对于所有的风险都起作用，控制活动是针对特定的风险量身定做的。风险承受策略是对于特定的风险并没有设置量身定做的控制活动，只有控制环境对该特定风险发挥作用，所以，从这种意义上来说，本组织选择了不进行量身定做的控制，所以，称为风险承受策略。这种应对策略通常适用于风险期望值或风险因素期望值较低的领域，即使没有量身定做的控制，风险期望值或风险因素期望值已经低于可容忍程度，图1所示的风险坐标图中的 A 区域就属于这种情形，属于"双低型"，发生可能性低，发生以后的影响程度也低。

（2）风险降低策略：当风险期望值或风险因素期望值高于可容忍程度，但是，又不是非常高，本组织通过自己实施的控制环境和控制活动就能将其降低到可容忍程度，这就是风险降低策略，这种策略的实质是将风险或风险因素降低到可容忍程度，所以，称为风险降低策略。图1所示的风险坐标图中的 B 区域就属于这种情形，属于"高低型混合"，要么是发生可能性低但影响程度高，要么是发生可能性高但影响程度低。

（3）风险分担策略：当风险期望值或风险因素期望值非常高但又未达到需要放弃与该风险相关的业务时，本组织依赖自己的力量可能难将其降低到可容忍程度，此时，需要借助外部力量与本组织共同来将风险降低到本组织可容忍的程度，这种风险应对策略就是风险分担策略，其实质是本组织之外的组织与本组织分担风险（当然，其前提是本组织付出相应的对价）。图1所示的风险坐标图中的 C 区域的斜线之下的部分就属于这种情形，属于"双高型"，发生可能性高且影响程度高。

（4）风险规避策略：当风险期望值或风险因素期望值非常高，

本组织自身无法将其降低到可容忍程度，即使借鉴外力也无法将其降低到可容忍程度，此时，只要放弃与该特定风险相关的业务，这种策略称为风险规避策略，从表面看来是规避风险，其实质是不涉及无法控制风险的业务领域。图1所示的风险坐标图中的C区域的斜线之上的部分就属于这种情形，属于"绝对双高型"，发生可能性和影响程度都绝对高。

（三）整体风险评估的逻辑框架

整体风险评估一般是以风险管理单位作为一个整体来进行风险评估，既可以将该风险管理单位的全部风险都纳入评估内容，此时，可以称为整体综合风险评估；也可以只关注该风险管理单位的某类风险，对该类风险进行评估，这种情形的整体风险评估可以称为整体专项风险评估。前已叙及，整体风险评估的目的有三种情形，一是评定该风险管理单位的风险等级，二是对该风险管理单位进行风险定价，三是评价该风险管理单位的风险管理绩效。上述三种目的与整体风险评估的两种类型组合起来，形成如表2所示的基本情形。

表2　整体风险评估的基本情形

项目		整体风险评估目的		
		风险等级评价	风险定价	风险绩效管理评价
整体风险评估内容	全部风险	★	★	★
	某些风险	★	★	★
★表示有这种情形				

尽管整体风险评估有多种情形，但是，其风险评估的逻辑步

骤却基本相同，首先是确定风险指标体系，然后是对风险指标体系的综合。

1. 整体风险指标体系

如果是整体综合风险评估，无疑需要多个指标才能刻画各类风险，所以，一般会有一个风险指标体系。如果是整体专项风险评估，从理论上来说，可能有两种情形，一是单一指标，二是指标体系，但是，要比较精准地刻画某种风险，指标体系可能优于单一指标，所以，一般来说，也会是一个指标体系。本章前面的文献综述提到，现有文献在各个专门领域内对于风险评估的研究已经很多，其中，不少的文献就研究该专门领域内的风险指标体系（课题组，2010；路勇，2011；魏巍，朱卫东，王锦，2011）。一般来说，同类风险可能有通用的指标体系，不同的风险之间并不存在通用的指标体系。

整体风险指标体系的设计有多种思路，一是直接刻画风险（例如，地震等级），二是刻画风险表征（例如，表示地震可能发生的信号），三是刻画风险因素（例如，可能引致地震的因素）。上述三种思路也可以结合起来，形成更加综合的风险指标体系。

2. 风险指标体系的综合

风险指标体系的综合要解决两个问题，一是单一指标的无量纲化处理，将单一指标的不同计量属性去除；二是确定每个单一指标在指标体系中的权重，也就是决定各个单一指标在指标体系中的重要性。许多文献都研究解决这些问题的技术方法（徐华，魏孟欣，陈析，2016；胡贤德等，2017），在许多情形下，上述两个问题是分别解决，在一些情形下，上述两个问题是同时解决的。目前，解决上述技术问题的主要方法如表 3 和表 4 所示。各个专门领域的整体风险评估，由于风险指标的具体属性不同、样本不同、数据体量不同，具体选用的综合技术方法也不同。

表 3 风险指标体系的综合方法

方法	解决的技术问题	
	指标无量纲化	指标权重
直线型无量纲化方法	★	
折线型无量纲化方法	★	
曲线型无量纲化方法	★	
层次分析法		★
主成份分析法		★
分项计分法	★	★
DEA	★	★

表 4 无量纲化处理方法

方法类型	具体方法
直线型无量纲化方法	阈值法
	指数法
	Z-score 法
	比重法
折线型无量纲化方法	极值法
	功效系数法
曲线型无量纲化方法	分布法
	累进评分法

四、例证分析

本章以上提出了一个关于特定风险评估和整体风险评估的逻辑框架，下面，用上述逻辑框架分别分析一个例证，以一定程度上验证这两个逻辑框架的解释力。

（一）基于特定风险评估框架的例证分析

中国会计师协会颁布的《中国注册会计师审计准则第1211号——通过了解被审计单位及其环境识别和评估重大错报风险》是规范注册会计师评估财务报表重大错报风险的专门准则，事实上，也就是对注册会计师如何评估被审计单位财务报表重大错报风险的规范，这属于本章理论框架中的特定风险评估，评估主体不是被审计单位，而是注册会计师。

第四条规定，"财务报表重大错报包括由于舞弊和错误导致的错报"。这里的错报是风险，舞弊和错误是风险事件，风险事件导致风险。

第七条规定，"注册会计师的目标是，通过了解被审计单位及其环境，识别和评估财务报表层次和认定层次的重大错报风险，从而为设计和实施针对评估的重大错报风险采取的应对措施提供基础"。这项规定表明，注册会计师评估财务报表错报风险是为其有后续审计程序中应对财务报表错报风险服务的，属于特定风险评估。

第十四条规定，注册会计师应当从下列方面了解被审计单位及其环境：相关行业状况、法律环境和监管环境及其他外部因素；被审计单位的性质；被审计单位对会计政策的选择和运用；被审计单位的目标、战略以及可能导致重大错报风险的相关经营风险；对被审计单位财务业绩的衡量和评价；被审计单位的内部控制。

第十四条确定的被审计单位及其环境的六项内容都属于财务报表重大错报因素，前五项是可能引致财务报表重大错报的因素，被审计单位的内部控制是属于可能抑制财务报表重大错报的因素，上述这些因素综合起来，形成财务报表重大错报风险事件。所以，第十四条中界定财务报表重大错报风险识别时需要识别的风险因素。

第二十九条规定，在识别和评估重大错报风险时，注册会计师应当实施下列审计程序：（1）在了解被审计单位及其环境的整个过程中，结合对财务报表中各类交易、账户余额和披露的考虑，识别风险；（2）评估识别出的风险，并评价其是否更广泛地与财务报表整体相关，进而潜在地影响多项认定；（3）结合对拟测试的相关控制的考虑，将识别出的风险与认定层次可能发生错报的领域相联系；（4）考虑发生错报的可能性，以及潜在错报的重大程度是否足以导致重大错报。

第二十九条规定的重大错报风险识别和评估程序，首先是风险识别，前三个步骤都属于这个风险；然后是风险分析，包括错报的可能性和错报的重大程度。当然，这里并没有提到风险应对策略，但是，中国会计师协会颁布的《中国注册会计师审计准则第1231号——针对评估的重大错报风险采取的应对措施》是专门针对风险应对的，其中就包括风险应对策略。

总体来说，本章提出的特定风险评估的逻辑框架能解释《中国注册会计师审计准则第1211号——通过了解被审计单位及其环境识别和评估重大错报风险》。

（二）基于整体风险评估框架的例证分析

根据滕五晓、陈磊、万蓓蕾（2014）的介绍，2009 年起，上海市民政局会同复旦大学城市公共安全研究中心共同研究上海市社区风险评估方法，建立了上海市社区风险综合评估体系。该评估体系的评估指标主要包括社区脆弱性评估、社区致灾因子评估，以及社区减灾能力评价三部分，综合方法是用模糊数学综合评价模型整合分析，最后依据层次分析法（AHP）确定权重。

很显然，社区风险评估是以社区作为风险管理单位的整体风险评估，但是，这里关注的主要是社会稳定风险，所以，属于整体专项风险评估。首先是确定了包括社区脆弱性、社区致灾因子及社区减灾能力三个方面的风险指标体系，在此基础上，用模糊数学和层次分析法来解决综合评价问题。这与本章提出的整体风险评估的逻辑框架相一致。

五、结论和启示

内部控制应对风险应对的前提是知道风险的状况，这主要依赖于风险评估。现有文献对风险评估有不少的研究，但是，尚没有一般性的风险评估理论框架。本章在现在文献的基础上，拟提出一个一般性的、简要的风险评估理论框架。

风险评估是一定的主体采用一定的方法对风险或风险要素进行的识别、分析及监测，包括特定风险评估和整体风险评估两种类型。特定风险评估是为确定该特定风险的应对措施服务的，包括三个步骤：一是风险识别，二是风险分析，三是风险应对策略的选择。整体风险评估是以风险管理单位作为一个整体来进行风险评估，既可以将该风险管理单位的全部风险都纳入评估内容，称为整体综合风险评估；也可以只关注该风险管理单位的某类风险，这种情形的整体风险评估称为整体专项风险评估。整体风险评估的逻辑步骤包括确定风险指标体系和对风险指标体系的综合。

本章的研究启示我们，风险评估博大精深，从其应用目的来说，有特定风险评估和整体风险评估，而整体风险评估还有多种目的；从评估方法来说，各专门领域都有自己独特的风险识别、风险分析和风险监测方法，但是，基于各专门领域的方法，应该有共性的理论逻辑，但是，这种理论逻辑的发掘程度还很低；从风险管理的有效性来说，没有精准的风险评估，后续的风险应对当然也就无法精准，所以，从某种意义来说，风险评估是风险应对的关键环节。总体来说，风险评估的实践潜力巨大，风险评估的研究是任重道远！

参考文献

谢志华，内部控制、公司治理、风险管理：关系与整合［J］，会计研究，2007，（10）：37—45。

李玉环，内部控制中的风险评估［J］，会计之友，2008，（10）：10—11。

吕阳，张向达，省级财政国库管理流程风险评估基于COSO内控框架的分析［J］，吉林大学社会科学学报，2013，（7）：93—101。

冯宽，风险评估在企业采购业务中的应用［J］，会计之友，2015，（12）：57—60。

王金凤，李冬梅，张同全，风险评估在企业中的实践及探索—基于某煤业有限公司 A 煤矿的经验［J］，审计研究，2012，（4）：89—96。

李富强，王立勇，对风险评估主体定位的研究［J］，数量经济技术经济研究，2003，（12）：47—50。

课题组，人民银行分支机构风险评估框架研究［J］，华北金融，2010，（7）：56—58。

路勇，基层人民银行风险评估模型探析［J］，山东经济，2011，（7）：117—121。

魏巍，朱卫东，王锦，基于证据理论的内部控制风险评估体系评价—以我国汽车制造上市公司为例［J］，财会通讯，2011，（2）：101—104。

徐华，魏孟欣，陈析，中国保险业系统性风险评估及影响因素研究［J］，保险研究，2016，（11）：3—15。

胡贤德，曹蓉，李敬明，阮素梅，方贤，小微企业信用风险评估的 IDGSO-BP 集成模型构建研究［J］，运筹与管理，2017，（4）：132—139。

李庭辉，许涤龙，中国财政风险监测指标体系构建［J］，湖南行政学院学报（双月刊），2007，（2）：73—75。

张昇平，风险测度一致性的拓展研究［D，上海交通大学博士学位论文，2007 年。

黄明理，安启雷，金融机构风险监测需进一步科学完善［J］，金融博览，2009，（5）：22—23。

李志辉，李源，李政，中国银行业系统性风险监测研究——基于 SCCA 技术的实现与优化 [J]，金融研究，2016，（3）：92—106。

滕五晓，陈磊，万蓓蕾，社区安全治理模式研究——基于上海社区风险评估实践的探索 [J]，马克思主义与现实，2014，（6）：70—75。

11. 控制环境：理论框架和例证分析

【内容摘要】控制环境是对组织所面临的风险具有广泛抑制作用或为内部控制其他要素的效率效果创造营运环境的内部控制要素，包括五个方面：管理理念、管理风格和高层基调，组织治理，组织设置及权责分配，人力资源政策，组织文化。控制环境有两方面的作用，一是直接抑制风险，二是为内部控制其他要素提供营运环境。

一、引言

内部控制要素是内部控制元素中涉及如何控制的构件，包括风险评估、控制环境、控制活动、信息与沟通、内部监视五大要素，本章关注其中的控制环境。

内部控制是组织内部建立和实施的风险应对机制，在这个风险应对机制中，一方面，控制环境为其他内部控制要素提供营运环境，从而影响内部控制的有效性；另一方面，控制环境本身也可以直接应对风险，并且具有广泛性。所以，控制环境是非常重要的内部控制要素。现实世界中，一些组织不重视内部控制，或者片面强调控制活动，对控制环境的作用认知不到位，这些现象的根源都是没有适宜的控制环境。

从研究现状来看，尽管一些研究文献及内部控制的一些权威规范对控制环境的概念、内容和作用都有所涉及，但是，总体来说，控制环境的相关研究还缺乏深度，概念、内容和作用缺乏贯通，本章拟提出一个将概念、内容和作用贯通的简要的控制环境理论框架。

随后的内容安排如下：首先是一个简要的文献综述，梳理控制环境相关文献；在此基础上，阐释控制环境的概念、内容和作用，提出一个将控制环境的概念、内容和作用贯通的简要的理论框架；然后，用这个理论框架来分析若干例证，以一定程度上验证这个理论框架；最后是结论和启示。

二、文献综述

研究控制环境的文献不多，涉及的主题主要包括控制环境的概念、内容和作用，本章对这些文献做一简要综述。

关于控制环境的概念，在内部控制的发展过程中，曾经将控制环境、会计系统和控制政策界定为内部控制结构的三要素，而控制环境是指对内部控制的设计和实施产生重大影响的各种环境因素的总称（丁瑞玲，王允平，2005）；从 AICPA 审计准则公告及 COSO 报告对控制环境的定义来看，控制环境是"对建立、加强或削弱特定政策、程序及其效率产生影响的各种因素"（罗彬，2004；徐哲，

2008；夏宁，孟焰，2013）。

关于控制环境的内容，财政部等五部委联合颁布的《企业内部控制基本规范》指出，控制环境一般包括治理结构、机构设置及权责分配、内部审计、人力资源政策、企业文化等。Basu&Wtight（2010）调查发现，管理理念和管理风格是最重要的控制环境因子；丁瑞玲、王允平（2005）认为，管理当局的态度最为重要，它决定了整个组织的态度和行为，人力政策和实务也是至关重要的，决策权过度集中在少数高层决策人手中，负面效果同样突出；刘开瑞、马锦（2010）从利益相关者理论出发，提出控制环境包括内部的主体环境和外部的约束环境，和谐内部控制环境的核心是以人为本；杨瑞平（2010）提出，内部控制环境要素包括五个方面：发展战略，组织结构与权责分配，治理层的责任，管理层的理念与风格，员工的道德价值观与胜任能力；杨有红（2013）根据内部环境与其他要素的契合方式，综合环境变化方式与速度，将环境分为三类：相对稳定的环境，可重构环境，渐变环境；王玉洁、刘铁雷和宋吉鑫（2016）认为，高校师德建设、治理结构和人力资源政策是高校最重要的控制环境。此外，还有些实证研究文献，从变量刻画的角度描述了控制环境，王泽霞、李青和牟辉（2013）从股权结构、股权性质、董事会与经理班子两责分离情况、高管层持股情况这些维度来刻画控制环境；刘春志、吉琳（2013）从董事会规模、独立董事比例和年度董事会会议次数这些维度来刻画控制环境；曲芳芳（2015）从独立董事比例、第一大股东性质、董事会与总经理是否兼任、管理层是否持股这些维度来刻画控制环境。

关于控制环境的作用，财政部等五部委联合颁布的《企业内部控制基本规范》指出，内部环境是实施内部控制的基础。Glover，Prawitt & Spilker（2007）认为，当内部控制环境良好的时候，同样的信息能使决策者做出更加正确的决定；美国审计学者阿尔文.A.阿伦斯与詹姆斯.K.洛布贝克合著的《审计学——整合方法研究》指出，控制环境是其他四个要素的保护伞，如果没有一个有效的控制环境，其他四个要素无论质量如何，都不可能形成有效的内部控制（丁瑞玲，王允平，2005）；刘开瑞、马锦（2010）认为，和谐的内部控制环境，能完整顾及各利益相关者利益关系的，充分调动各方面积极性与创造性的，充满持久生机与活力的环境，和谐的内部控制环境是合理保证内部控制目标实现的基础；夏宁、孟焰（2013）认为，内部控制环境是组织基调、左右组织成员的控制理念，是其他控制要素的基础；沈烈、孙德芝和康均（2014）认为，内部控制的成败与控制环境密切相连，控制环境是实现内部控制目标、支撑组织走向成功的最佳"土壤"。此外，有些实证研究文献验证了控制环境的作用，王泽霞、李青和牟辉（2013）发现，内部环境对抑制管理舞弊做出的贡献最大；刘春志、吉琳（2013）验证了董事会治理水平对商业银行绩效的影响；曲芳芳（2015）发现，内部控制环境与权益资本成本负相关。

上述文献综述显示，尽管一些研究文献及内部控制的一些权威规范对控制环境的概念、内容和作用都有所涉及，但是，总体来说，控制环境的相关研究还缺乏深度，概念、内容和作用缺乏贯通，本章拟提出一个将概念、内容和作用贯通的简要的控制环境理论框架。

三、理论框架

本章的目的是提出一个将概念、内容和作用三者贯通的简要的控制环境理论框架，为此，需要相互贯通地阐释如下问题：什么是控制环境？控制环境包括些什么要素？控制环境有什么作用？对于这些问题的阐释，就形成一个简要的关于控制环境的理论框架。

（一）什么是控制环境？

前面的文献综述表明，关于什么是控制环境，有两种表述，一种表述为，控制环境是指对内部控制的设计和实施产生重大影响的各种环境因素的总称（丁瑞玲，王允平，2005），本章称之为"环境因素论"；另一种表述为，控制环境是对建立、加强或削弱特定政策、程序及其效率产生影响的各种因素，本章称之为"特定影响论"（罗彬，2004；徐哲，2008；夏宁，孟焰，2013）。

我们认为，这两种表述都一定程度上抓住了控制环境的本质，但是，又都有失偏颇。环境因素论强调了控制环境对内部控制其他各要素的影响，但是，忽视了控制环境本身对风险的抑制作用；特定影响论强调了控制环境对特定政策、程序及其效率的影响，但是，也忽视了控制环境本身对风险的抑制作用，同时，某些控制环境并不只是影响特定的特定政策、程序及其效率，而具有广泛的影响。所以，对于控制环境的界定，一方面要强调控制环境对内部控制其他要素的广泛影响，另一方面，还必须强调控制环境本身直接应对风险的抑制作用（本文随后的内容中将阐释控制环境对风险的直接抑制，例如，组织文化就可能对风险有广泛的抑制作用）。

基于以上认识，我们对控制环境界定如下：控制环境是对组织所面临的风险具有广泛抑制作用或为内部控制其他要素的效率效果创造营运环境的内部控制要素。

理解控制环境需要把握两个要点，一是广泛性，二是基础性。广泛性强调控制环境本身直接抑制风险，但是，与控制活动不同，控制环境并不是针对特定风险而设计的控制措施，而是对许多风险都具有抑制作用，所以，控制环境对风险的抑制具有广泛影响。基础性强调控制环境对内部控制其他要素的影响，没有适宜的控制环境，内部控制其他要素难以发挥作用，所以，控制环境的作用具有基础性。当然，控制环境的上述两个特征，需要与控制环境的内容及作用相贯通，对控制环境的内容及作用有不同的认知，对控制环境的本质或概念也会有不同的认知。

（二）控制环境包括些什么要素

既然控制环境是对组织所面临的风险具有广泛抑制作用或为内部控制其他要素的效率效果创造营运环境的内部控制要素，那么，控制环境包括些什么要素呢？本文前面的文献综述表明，关于控制环境的内容有不同的观点或表述，我们认为，财政部等五部委联合颁布的《企业内部控制基本规范》提出控制环境一般包括治理结构、机构设置及权责分配、内部审计、人力资源政策、企业文化等，这种观点最具有代表性，一方面，它借鉴了 COSO 报告的观点，另一方面，它集合了不同专家的观点。但是，这种观点也有一些缺憾，例如，内部审计也是组织内部的一种机构，不宜单独作为一个控制环境要素；未能显现管理理念、管理风格和高层基调在控制环境中的作用。同时，我们认为，无论是营利组织，还是非营利组织，它们的控制环境要素应该具有通用性，只是具体内容不同。基于以上考虑，我们提出的控制环境要素如下：管理理念、管理风格和高层基调，组织治理，组织设计，人力资源政策，组织文化。下面，我们对上述控制环境要素各做一些简要阐释。

（1）管理理念、管理风格和高层基调。管理理念是管理者对管理及相关事项的认知，例如，什么是管理，对人应该如何管理等；管理风格是在管理过程中所一贯坚持的原则、目标及方式等方面的总称，也就是管理模式；高层基调是一个组织的高层对待风险的态度。很显然，最终影响内部控制的是高层基调。但是，管理理念是管理风格的基础，而管理理念和管理风格共同决定高层基调。对于一个特定的组织来说，适宜的高层基调是其风险应对机制的逻辑起点，没有恰当的高层基调，有效的风险应对机制是难以建立和实施的。一般来说，高层基调需要协调好工作效率与风险防范之间的关系，过分重视效率而忽视风险，可能导致组织处于高风险的状态，同样，过分重视风险而忽视效率，可能导致组织处于低效率的状态。所以，以管理理念、管理风格为基础的高层基调，需要从组织价值最大化出发，协调好工作效率与风险防范之间的关系。所以，高层基础是控制环境。

（2）组织治理。组织治理是一个组织内部高层治理主体及其责权利和治理流程的安排，是组织的决策机构，也是利益相关者实现其利益诉求的制度安排。一般来说，一个组织的副职以上的岗位及机构都属于组织治理。组织治理的设计和运行，首先要考虑的是治理效率效果，要选择对组织治理效率效果有利的治理设计。但是，组织治理的设计和运行，还要考虑控制风险，如果将风险抑制不纳入组织治理的设计，治理效率效果可能被风险所吞食。所以，组织治理设计必须兼顾效率和风险，一方面要考虑治理效率效果；另一方面，要将决策风险的防范纳入其中，使得组织治理中有纠偏机制。例如，董事会中设置独立董事、设置专门的监事会、董事长不兼任总经理、设置专门的纪委，这些治理主体与治理效率效果关联不大，但是，它们是治理主体中的纠偏机制，对于组织目标的达成具有重要的保障功能。所以，组织治理是控制环境。

（3）组织设计。组织设计就是一个单位除了治理主体之外的其他各种组织机构及其责权利安排。一般来说，一个组织的中层及基层的机构设置及其责权利安排，都属于组织设计。组织设计主要有两方面的内容，一是机构设置，二是责权利安排。关于机构设置，从纵向来说，有扁平结构和高层结构两种模式；从横向来说，有大部制和专业化分工两种模式。关于责权利安排，有集权和分权两种模式。任何一个组织在设计其组织结构时，必须要考虑效率和风险两种因素，一是要有利于提高工作效率，同时，还要考虑防范风险，对于效率和风险的考虑最终要体现在机构设置和责权利安排中，通过扁平结构与高层结构的选择，通过大部制和专业化分工的选择，通过集权和分权的选择，将效率和风险兼顾起来。所以，组织设计是控制环境。

（4）人力资源政策。人力资源政策是一定的组织为了实现其目标而制定的有关人力资源获取、开发、保持和利用的方针政策，主要包括：员工聘用、培训、辞退与辞职；员工的薪酬、考核、晋升与奖惩；强制休假制度和定期岗位轮换制度；掌握重要秘密的员工离岗的限制性规定；有关人力资源管理的其他政策。任何一个组织在设计人力资源政策时，必须考虑效率和风险两个因素，一是人力资源政策必须有利于工作效率的提高，所以，在人力资源政策中要体现激励员工努力工作的要素；二是必须将风险防范的考虑也纳入人力资源政策，所以，人力资源政策中也要采取一些风险防范措施。现实生活中的人力资源政策都是效率和风险二者兼顾的结果。所以，从这个意义上来说，人力资源政策也是控制环境。

（5）组织文化。组织文化是组织及其成员共同秉持的价值观念和行为规范，它是组织的灵魂，是推动组织发展的不竭动力，其核心是组织的精神和价值观，这里的价值观是组织及组织成员在从事业务营运活动中所秉持的价值观念。尽管组织文化的建设有多种导向作用，但是，效率和风险是两个不可或缺的导向，一方面，组织文化要有利于提高本组织的工作效率，所以，组织文化应该助力于提高工作效率；另一方面，组织文化也要将风险防范的考虑纳入其中，使得文化基因中有风险防范意识，组织文化应该助力于风险防范。所以，从这个意义上来说，组织文化也是控制环境。

（三）控制环境有什么作用？

一般来说，控制环境有两方面的作用，一是直接抑制风险，但是，控制环境抑制风险不同于控制活动，后者是针对特定的风险量身定做的，具有针对性，而控制环境可以作用于许多的风险，所以，并不是针对特定风险，控制环境抑制风险具有广泛性的特征；二是为内部控制其他要素提供营运环境，控制环境本身并不抑制风险，但是，它为内部控制其他要素抑制风险提供营运环境，这些营运环境的适宜性对内部控制其他要素作用的发挥有重大的影响。前面分析过的控制环境要素的作用类型及特点如表1所示。

表1　控制环境要素的作用类型和特点

项目		作用类型		作用特点	
		抑制风险	提供营运环境	广泛性	基础性
控制环境要素	高层基调		★		★
	境要素	★		★	
	组织设计	★		★	
	人力资源政策	★		★	
	组织文化	★		★	
★表示有这种情形					

下面，我们对表1中内容作些解释。高层基调表征的是高层对风险的态度，本身并不直接应对风险，但是，这个基调是组织内部建立和实施风险应对机制的逻辑起点，所以，从这个意义上来说，它为内部控制其他要素提供了营运环境，在风险应对机制的建立和实施中发挥基础性的作用。组织治理、组织设计、人力资源政策和组织文化这些控制环境要素，都可以直接抑制风险，这些要素抑制风险并不只是针对特定的风险的，而是对组织所面临的许多风险都有抑制作用，所以，这种风险抑制具有广泛性的特点，也正是从这个意义上，这些风险抑制要素属于控制环境，不属于控制活动。

四、例证分析

本章以上提出了一个关于控制环境的理论框架，下面，用上述理论框架分别分析若干例证，以一定程度上验证这个理论框架的解释力。

（一）控制环境为内部控制其他要素提供营运环境

例证 1：郑石桥等（2009）对企业内部控制进行问卷调查，根据 146 份有效问卷的数据分析表明，12.33% 的企业属于"环境及活动双弱型"（指对控制环境和控制活动都不重视），70.55% 的企业属于"环境及活动并重型"（指对控制环境和控制活动都重视）。

例证 2：郑石桥（2011）对行政单位内部控制进行调查，根据 122 份有效问卷的分析表明，行政单位的内部控制结构属于"环境活动并重型"（指对控制环境和控制活动都重视）。

例证分析：上述结果表明，控制环境和控制活动之间存在显著的相关性，要么是二者都重视，要么是二者都不重视，其背后的逻辑是，重视控制环境是重视控制活动的基础，好的控制环境为控制活动营造了良好的营运环境，而不好的控制环境则使得控制活动失去良好的营运环境。

（二）控制环境直接应对风险

例证 3：于而立（2009）对浙江地区民营企业进行了抽样调查，有效问卷 354 份，结果表明，不同内部控制环境要素与内部控制整体目标及具体目标存在显著相关关系。

例证4：我国许多民营企业失败的重要原因是决策失败，巨人集团总裁史玉柱在检讨失败时曾坦言：巨人的董事会是空的，决策是一个人说了算。决策权过度集中在少数高层决策人手中，尤其是一人手中，负面效果同样突出（丁瑞玲，王允平，2005）。

例证分析：上述例证表明，控制环境对于控制目标的实现具有重要的意义，这从某种意义上说明，控制环境在控制目标的实现中直接发挥作用，其机理是直接应对风险。

总体来说，本文提出的控制环境的理论框架能解释上述这些控制环境相关的例证。

五、结论和启示

内部控制是组织内部建立和实施的风险应对机制，在这个风险应对机制中，一方面，控制环境为其他内部控制要素提供营运环境，从而影响内部控制的有效性；另一方面，控制环境本身也可以直接应对风险，并且具有广泛性。所以，控制环境是非常重要的内部控制要素。本文在梳理控制环境相关文献的基础上，阐释控制环境的概念、内容和作用，提出一个将控制环境的概念、内容和作用贯通的简要的理论框架。

控制环境是对组织所面临的风险具有广泛抑制作用或为内部控制其他要素的效率效果创造营运环境的内部控制要素，包括五个方面的内容，一是管理理念、管理风格和高层基调，这里的高层基调是高层对风险的态度；二是组织治理，它是一个组织内部高层治理主体及其责权利和治理流程的安排，组织治理设计必须兼顾效率和风险；三是组织设计，它是一个单位除了治理主体之外的其他各种组织机构及其责权利安排包括机构设置和责权利安排，这些设计必须将效率和风险兼顾起来；四是人力资源政策，它是一定的组织为了实现其目标而制定的有关人力资源获取、开发、保持和利用的方针政策，人力资源政策中既要体现激励员工努力工作的要素；也要将风险防范的考虑也纳入人力资源政策；五是组织文化，它是组织及其成员共同秉持的价值观念和行为规范，组织文化要有利于提高本组织的工作效率，也要将风险防范的考虑纳入其中。控制环境有两方面的作用，一是直接抑制风险，但是，控制环境抑制风险不同于控制活动，其抑制风险具有广泛性的特征；二是为内部控制其他要素提供营运环境，这些营运环境的适宜性对内部控制其他要素作用的发挥有重大的影响。

本章的研究启发我们，控制环境是非常重要的内部控制要素，要建立和实施风险应对机制，必须高度重视控制环境，没有适宜的控制环境，许多风险缺乏有效的应对机制，内部控制其他要素的有效营运也缺乏适宜的基础。但是，不同的控制环境要素具有不同的作用类型和作用特点，也具有不同的属性，需要根据本组织的具体情形出发，对控制环境的不同要素做出选择。例如，本章前面的文献综述提到，杨有红（2013）将环境分为三类相对稳定的环境、可重构环境和渐变环境三类，一般来说，组织文化是渐变环境，法律法规对组织治理、组织设计和人力资源政策的一些法律法规要求属于对稳定的环境，组织治理、组织设计和人力资源政策中没有明确法律法规要求的则属于可重构环境，而高层基调也是可重构环境，所以，控制环境的建设可以按不同的环境属性来选择工作重点。

参考文献

丁瑞玲，王允平，从典型案例分析看企业内部控制环境建设的必要性［J］，审计研究，2005，（5）：63—67。

罗彬，内部控制环境理论若干问题探讨［J］，企业经济，2004，（7）：124—125。

徐哲，董事会与企业内部控制环境创建［J］，经济与管理，2008，（2）：48—52。

夏宁，孟焰，内部控制环境的"三分法"：理论框架与内在检视［J］，中央财经大学学报，2013，（4）：86—91。

Basu，P.，A. Wtight. An exploratory study of control environment risk factors：client contingency consideration and audit testing strategy ［J］. International Journal of Auditing，2010，1（2）：77- 96.

刘开瑞，马锦，企业内部控制环境评价研究——从利益相关者角度构建［J］，西北农林科技大学学报（社会科学版），2010，（2），82—87。

杨瑞平，内部控制环境构成因素研究［J］，商业研究，2010，（12）：52—55。

杨有红，论内部控制环境的主导与环境优化［J］，会计研究，2013，（5）：67—72。

王玉洁，刘铁雷，宋吉鑫，高校内部控制环境的独有约束及其改善策略——基于COSO框架的视角［J］，国家教育行政学院学报，2016，（3）：70—75。

王泽霞，李青，牟辉，内部控制环境抑制管理舞弊有效吗？——来自舞弊上市公司的经验证据［J］，中国注册会计师，2013，（10）：63—69。

刘春志，吉琳，内部控制环境与经营绩效——基于中国银行业的实证分析 [J]，统计与信息论坛，2013，（6）：28—33。

曲芳芳，上市公司内部控制环境对权益资本成本影响的实证 [J]，统计与决策，2015，（1）：185—188。

M Glover, DF Prawitt, BC Spilker. The Influence of Decision Aids on User Behavior: Implications for Knowledge Acquisition and Inappropriate reliance [J]. Organizational Behavior and Human Decision Processes, 2007, 72（2）: 233–255.

沈烈，孙德芝，康均，论人本和谐的企业内部控制环境构建 [J]，审计研究，2014，（6）：108—112。

郑石桥，徐国强，邓柯，王建军，内部控制结构类型、影响因素及效果研究 [J]，审计研究，2009，（1）：81—86。

郑石桥，行政单位内部控制结构与效果研究 [J]，财会学习，2011，（9）：17—19。

于而立，民营企业内部控制环境对控制目标的影响分析——基于浙江省非上市中小民营企业的调查数据 [J]，商业经济与管理，2009，（12）：83—90。

12. 控制活动：理论框架和例证分析

【内容摘要】控制活动是对组织所面临的特定风险发挥抑制作用的内部控制要素，它是一种基于特定风险评估而量身定做的控制措施，它可以抑制风险发生的可能性或风险发生之后的损失，其发挥作用的方式有两种预防性控制和检查性控制。控制活动与风险之间并非一一对应关系。为了符合成本效益原则，控制活动抑制风险需要区分常规控制与应急机制。不相容职务分离控制、授权审批控制、会计系统控制、实物控制、预算控制、运营分析控制、绩效考评控制、透明控制、检查控制和竞争控制是十类主要的控制活动，每种控制活动都包括政策和程序两个要素，其设计和执行，都必须兼顾效率和风险。

一、引言

内部控制要素是内部控制元素中涉及如何控制的构件，包括风险评估、控制环境、控制活动、信息与沟通、内部监视五大要素，本章关注其中的控制活动。

内部控制是组织内部建立和实施的风险应对机制，在这个风险应对机制中，控制活动是直接抑制风险的要素，这无疑决定了控制活动在内部控制要素中的重要地位。现实世界中，一些组织出现的风险事件，从根源上来说，都是控制活动存在缺陷所导致的。

从研究现状来看，尽管一些研究文献及内部控制的一些权威规范对控制活动的概念、内容和作用都有所涉及，但是，总体来说，控制活动的相关研究还缺乏深度，概念、作用和内容缺乏贯通，本章拟提出一个将概念、作用和内容贯通的简要的控制活动理论框架。

随后的内容安排如下：首先是一个简要的文献综述，梳理控制活动相关文献；在此基础上，阐释控制活动的概念、作用和内容，提出一个将控制活动的概念、作用和内容贯通的简要的理论框架；然后，用这个理论框架来分析若干例证，以一定程度上验证这个理论框架；最后是结论和启示。

二、文献综述

直接对控制活动为研究对象的文献不多，研究主题涉及控制活动的概念、作用和内容，通常，是在界定控制活动的概念中包含了对控制活动作用的认识。所以，本文将控制活动的概念和作用合并起来综述。

关于控制活动的概念和作用，COSO 委员会发布的《内部控制整合框架》和《企业风险管理框架》都将控制活动定义为用于帮助管理层确保其指令得以贯彻实施的政策和程序，政策是对控制的要求，确定应该做什么，程序用来贯彻政策的技术和方法，确定怎么控制。政策是程序的基础，程序是政策的实现。例如，政策要求对合同进行审核，而程序则是对合同进行审核的技术和方法。李玉环（2008）认为，控制活动是既定目标之下为实现目标而采取的控制措施，内部控制理念需要通过控制活动来体现，内部环境需要借助于控制活动发挥其实现控制的作用，风险评估的目的就在于为选择控制活动提供依据。龚红梅（2008）认为，内部控制活动是内部控制具体实施的方式，是根据风险评估结果，制定相应的政策与程序。敖世友（2010）认为，控制活动是对所确认的风险采取必要的防范或减少损失的措施，以保证控制目标实现的政策和程序，也是管理层为确保其管理指令能够得以有效实施而制定的各种政策和程序。单光超（2010）认为，内部控制活动是指根据风险评估结果，结合风险应对策略，确保内部控制目标得以实现的方法和手段。白华（2012）认为，控制活动是指控制主体为达成特定目标将元控制及其组合作用于控制客体之上的一种管理行为。李小香（2012）认为，控制活动是那些帮助管理层处置风险所需的特定指令得以贯彻的政策和程序。徐健康（2012）认为，控制活动是确保管理层指令得到执行的政策和程序，是实施内部控制的具体方式，是实现内部控制目标的重要保证。黄晓波（2013）认为，内部控制活动就是能够有效地实现风险反应的措施和方法。

关于控制活动的内容，美国上市公司会计监管委员会（PCAOB）第5号审计准则《与财务报表审计相结合的财务报告内部控制审计》及我国财政部颁布的《企业内部控制审计指引》将控制活动区分为企业层面控制和业务层面控制，内部控制五要素中，控制活动属于业务层面控制，其他四要素均属于企业层面的控制。

我国财政部等联合颁布的《企业内部控制基本规范》将控制活动分为不相容职务分离控制、授权审批控制、会计系统控制、财产保护控制、预算控制、运营分析控制和绩效考评控制等。

一些研究性文献也提出了关于控制活动的内容。李玉环（2008）认为，根据控制活动与相关目标的性质，控制活动可分为经营、财务报告和合规等类别的控制活动。龚红梅（2008）认为，控制活动主要包括：职责分工控制、授权批准控制、全面预算控制、会计系统控制、内部审计控制、内部报告控制等等。敖世友（2010）认为，控制活动贯穿于内部的各个阶层和所有的职能部门，包括核准、授权、验证、调节、经营业绩审查、保障资产安全以及职责分离等多种具体的控制活动要素。董卉娜（2010）认为，将控制活动区分为授权控制、流程控制、绩效控制和监督检查。白华（2012）认为，元控制包括：职责分离、授权、批准、接近控制、记账、记录、验证、激励、观察、询问、示意等。李小香（2012）认为，控制活动可以分为业务部门经营控制活动、财务部门的财务报告控制活动、整体的合规性控制活动。朱庆锋、徐中平和王力（2013）认为，控制活动分为资金资产管理活动、购销活动、研发活动与业务外包、工程项目管理、财务报告和全面预算六个方面。

上述文献综述显示，尽管一些研究文献及内部控制的一些权威规范对控制活动的概念、作用和内容都有所涉及，但是，总体来说，控制活动的相关研究还缺乏深度，概念、作用和作用缺乏贯通，本文拟提出一个将概念、内容和作用贯通的简要的控制活动理论框架。

三、理论框架

本文的目的是提出一个将概念、作用和内容三者贯通的简要的控制活动理论框架，为此，需要相互贯通地阐释如下问题：什么是控制活动？控制活动有什么作用？控制活动包括些什么要素？对于这些问题的阐释，就形成一个简要的关于控制活动的理论框架。

（一）什么是控制活动？

关于什么是控制活动，根据本章前面的文献综述，有三类观点，一种观点认为，控制活动是实施管理层指令的政策和程序（李小香，2012；徐健康，2012）；另外一种观点认为，控制活动是实现控制目标的措施（李玉环，2008；白华，2012）；还有一种观点认为，控制活动是防范风险或减少损失的措施（龚红梅，2008；敖世友，2010；单光超，2010；黄晓波，2013）。上述三种观点中，将控制活动界定为实施管理层指令的政策和程序，虽然没有错误，但是，过于泛化了控制活动，未能抓住控制活动的本质。将控制活动界定为实现控制目标的措施，当然是正确的，但是，实现控制目标的措施较多，严格来说，内部控制所有要素都是实现控制目标的措施，所以，这种观点未能将控制活动与内部控制其他要素区分开来。将控制活动界定为防范风险或减少损失的措施，较大程度上抓住了控制活动的本质，能够将控制活动与风险评估、信息与沟通、内部监视这些内部控制要素区分开来，但是，无法将控制活动与控制环境相区分，因为，不少的控制环境要素也能防范风险或减少损失。所以，只能将控制活动界定为防范风险或减少损失的措施还不够。

从控制活动的本质出发，我们认为，控制活动是对组织所面临的特定风险发挥抑制作用的内部控制要素。这个概念体现了控制活动的两个本质特征，第一，控制活动是抑制风险的内部控制要素。在内部控制的五大要素中，不同的要素有不同的分工，风险评估这个要素是寻找风险并搞清楚风险的详态；控制环境的一些要素是直接抑制风险，另外一些要素是为内部控制其他要素营造营运环境；控制活动是直接抑制风险；信息与沟通主要是为内部控制其他要素提供信息及其沟通的平台；内部监视是内部控制持续可靠的保障机制。在五大要素中，只有控制活动和控制环境是直接抑制风险的。第二，控制活动是针对特定风险发挥抑制作用的内部控制要素。虽然控制环境和控制活动都能直接抑制风险，但是，控制环境抑制作用具有广泛性，能对许多的风险发挥抑制作用，而控制活动则不同，它是针对特定的风险量身定做的，并不具有广泛性，而是具有针对性，特定的控制活动是对特定的风险量身定做的。正是控制活动的这个特点，使得控制活动与控制环境相区别。

（二）控制活动有什么作用？

根据本章前面对控制活动的界定，很显然，控制活动的作用是抑制风险，并且是针对特定风险评估结果，量身定做地设计和执行的风险抑制措施。

从控制活动的作用路径来说，有三个方面，一是抑制风险发生的可能性，使得风险发生的可能性降低；二是抑制风险发生可能产生的后果，使得风险发生后带来的负面影响降低；三是抑制风险发生之后的损失，进一步降低风险带来的负面影响。

从控制活动的作用机理来说，控制活动发挥作用的方式有两种，一是预防性控制，二是检查性控制。预防性控制是事先预防风险及其损失的措施，这种措施的优点是事前控制，防患于未然，效果较好，然而，通常情形下，这种控制措施的成本较高，所以，过于强调预防性控制，可能会提高控制成本。检查性控制是事后对已经完成的交易和事项进行检查，以发现其中的存在的问题，并进行纠正。这种措施的优点是事后控制，成本较低，但是，通常情况下，效果不如预防性控制。

控制活动抑制风险的特点除了具有针对性外，还具有并非一一对应的特征。控制活动虽然是针对特定风险量身定做地设计和执行的，但是，不能认为控制活动与风险之间是一一对应的，也就是说，不能认为一种控制活动只是应对某一个风险，也不能认为，某一个风险只有一个控制活动来应对。事实上，在许多情形下，是多种控制活动来应对多种风险，一种控制措施与几个风险相关，而一个风险有几个相关的控制活动来应对，控制活动与风险之间的可能关系呈现矩阵式，如表1所示。

表1　控制活动与风险之间的可能关系

项目		控制活动		
		控制活动 1	控制活动 2	…
风险	风险 A	★	★	★
	风险 B	★	★	★
	…	★	★	★
★表示可能出现的情形				

表1显示，控制活动与风险之间并非一一对应关系，但是，无论如何，某一个风险的主要应对措施是清晰的，某一个控制活动应对的主要风险也是清晰的，从这个意义上来说，控制活动对风险的抑制具有针对性，不具有广泛性，这也是控制活动与控制环境的关键区别。

控制活动抑制风险，为了符合成本效益原则，还需要区分常规控制与应急机制。有一类风险，其发生的可能性很少，但是，发生以后的后果非常严重，对于这种风险，通常需要很严密的控制活动，并且，这种控制活动的成本很高，对于这种风险，如果在常规的控制系统中设计控制活动，则增加控制成本，为此，将应对风险的控制区分为常规控制与应急机制，常规控制中不考虑这种发生可能性很少但发生后后果很严重的风险，对于这种风险，另外设计专门的预警和应对机制来应对，如此一来，常规控制中不考虑这种特殊的风险，降低了常规的营运成本，但是，又有专门的预警来观测这种特殊风险，一旦其发生可能性达到一定程度，则启动应急机制，这种特殊风险也得到了有效的应对，但是，从整体来说，抑制风险的成本是降低了。例如，恐怖事件就是一种特殊风险，对于大多数组织来说，恐怖事件发生的可能性很少，但是，一旦发生，其后果则很严重，所以，大多数组织的常规控制中不考虑恐怖事件，而是对恐怖事件设计预警机制，一旦恐怖事件真的可能发生时，则启动事先设计的恐怖事件应急机制。

（三）控制活动包括些什么要素？

本章前面的文献综述表明，一些研究性文献涉及控制活动的内容，这些文献对内部控制内容的分类体系不同，一些文献从控制活动涉及的领域来概括控制活动的内容（李玉环，2008；李小香，2012；朱庆锋，徐中平，王力，2013），一些文献从实施控制活动的管理层级来概括控制活动的内容（郑石桥，周永麟，刘华，2000），更多的文献是控制活动的技术视角来概括控制活动（龚红梅，2008；敖世友，2010；董卉娜，2010；白华，2012）。

本章认为，从控制活动的技术视角来概括控制活动的内容更能理解控制活动的本质，我国财政部等联合颁布的《企业内部控制基本规范》将控制活动分为不相容职务分离控制、授权审批控制、会计系统控制、实物控制、预算控制、运营分析控制和绩效考评控制等，COSO 报告认为，控制活动包括审批、授权、确认、核对、审核经营业绩、实物控制以及职责分工等，都是从技术视角来对控制活动的列举，至于具体有哪些控制活动，并没有一个完整的清单，本章认为，在财政部等联合颁布的《企业内部控制基本规范》列举的七类控制活动的基础上，需要再增加透明控制、检查控制和竞争控制，也就是说，本章认为，不相容职务分离控制、授权审批控制、会计系统控制、实物控制、预算控制、运营分析控制、绩效考评控制、透明控制、检查控制和竞争控制是十类主要的控制活动，这些控制活动的内涵，前面七种在财政部等联合颁布的《企业内部控制基本规范》中已经有解释，这里不重复。但是，《企业内部控制基本规范》并没有"实物控制"，而是"财产保护控制"，我们认为，这可能是对"physical control"的翻译问题，这个词可以翻译为"财产控制"，也可以翻译为"实物控制"，如果翻译为"财产控制"，就是如何保护财产了，所以，《企业内部控制基本规范》使用了"财产保护控制"，我们认为，翻译为"实物控制"更为合适，它不是保护财产，而是通过实物手段来防范风险。另外，作为控制活动的会计系统控制，需要区别于作为信息与沟通要素之一的会计信息系统，作为控制活动的会计系统控制强调的是凭单和记录控制，而作为信息与沟通要素之一的会计信息系统，强调的是风险抑制所需要的财务信息的收集、加工及沟通。本章增加的透明控制、检查控制和竞争控制，需要做一个简要的解释，透明控制是将透明机制作为控制活动，检查控制是将一个人以另外一个人的工作进行检查作为控制活动（也可以称为复核），竞争控制是将竞争机制作为控制活动，例如，采购过程中的招标采购。

无论何种控制活动，每种控制活动都包括两个要素，一是政策，二是程序，政策描述应该做什么，提出了控制要求，程序描述应该怎么做，提出了控制步骤、方法和技术，政策是程序的基础，不同的政策会有不同的程序，而政策也离不开程序，程序使政策的要求得以实现，没有程序，政策无法落实。例如，政策要求，大宗物料采购要招标，而招标的具体步骤、方法和技术就是实现这个要求的程序。

无论何种控制活动的设计和执行，都必须兼顾效率和风险，既不能因为要提高效率，而风险防范降低于不顾，也不同因为要抑制风险，而将工作效率低于不顾，每种控制活动的设计和执行，要同时对工作效率和风险抑制做出权衡，在抑制风险的基础上来提高效率，在保障效率的基础上抑制风险。

总体来说，以上列举的十种控制活动，其构成要素及设计和执行要求，归纳起来，如表2所示。

表 2 控制活动的要素和要求

项目		构成要素		设计和执行要求	
		政策	程序	保障效率	抑制风险
控制活动	不相容职务分离控制	★	★	☆	☆
	授权审批控制	★	★	☆	☆
	会计系统控制	★	★	☆	☆
	实物控制	★	★	☆	☆
	预算控制	★	★	☆	☆
	运营分析控制	★	★	☆	☆
	绩效考评控制	★	★	☆	☆
	透明控制	★	★	☆	☆
	检查控制	★	★	☆	☆
	竞争控制	★	★	☆	☆
★表示有这种要素，☆表示有这种要求					

四、例证分析

本章以上提出了一个关于控制活动的理论框架，下面，用上述理论框架分别分析若干例证，以一定程度上验证这个理论框架的解释力。

例证材料：秦江萍、叶佩华（2012）以 2008—2010 年深市 A 股主板上市公司为研究对象，研究内部控制活动对企业价值的影响，结果表明，内部控制活动与企业价值存在显著的正相关关系，且非国有企业的内部控制活动水平和企业价值优于国有企业。

例证分析：这个结果表明，控制活动通过抑制风险，为实现企业价值发挥了积极作用，并且，控制环境会影响控制活动的作用之发挥，非国有企业的控制环境优于国有企业，所以，为控制活动的作用之发挥营运了较好的营运环境，从而，控制活动也就发挥了更大的作用，但是，无论营运环境如何，控制活动都能发挥作用。

五、结论和启示

内部控制是组织内部建立和实施的风险应对机制，在这个风险应对机制中，控制活动是直接抑制风险的要素，这无疑决定了控制活动在内部控制要素中的重要地位。本章在梳理控制活动相关文献的基础上，阐释控制活动的概念、作用和内容，提出一个将控制活动的概念、作用和内容贯通的简要的理论框架。

控制活动是对组织所面临的特定风险发挥抑制作用的内部控制要素，它是一种基于特定风险评估而量身定做的控制措施，它可以抑制风险发生的可能性或风险发生之后的损失，其发挥作用的方式有两种预防性控制和检查性控制。控制活动与风险之间并非一一对应关系。为了符合成本效益原则，控制活动抑制风险需要区分常规控制与应急机制。不相容职务分离控制、授权审批控制、会计系统控制、实物控制、预算控制、运营分析控制、绩效考评控制、透明控制、检查控制和竞争控制是十类主要的控制活动，每种控制活动都包括政策和程序两个要素，其设计和执行，都必须兼顾效率和风险。

本章的研究启示我们，控制活动需要量身定做，而量身定做的前提是知道风险的详态，这依赖于风险评估，所以，控制活动的设计及执行及其与风险评估这个要求密切关联；同时，控制活动与控制环境一起，共同抑制风险，这就需要将二者联系起来，形成抑制全力；当然，控制活动更需要信息来指引，还必须持续有效，这就依赖于信息与沟通及内部监视这两个要素。所以，总体来说，内部控制是一个系统，各个要素之间是紧密关联的。

参考文献

李玉环，内部控制中的控制活动 [J]，会计之友，2008，（11）：11—12。

龚红梅，浅谈现代企业内部控制活动 [J]，会计师，2008，（12）：224—224。

敖世友，基于管理熵的企业内部控制活动系统定量评价模型 [J]，改革与战略，2010，（11）：64—67。

单光超，浅议企业实施内部控制活动的具体措施 [J]，中国乡镇企业会计，2010，（20）：119—120。

白华，论控制活动 [J]，会计研究，2012，（10）：42—48。

李小香，论企业组织架构对内部控制活动的影响 [J]，会计之友，2012，（2）：60—61。

徐健康，企业内部控制要素之控制活动的分析 [J]，会计师，2012，（2）：54—55。

黄晓波，浅谈企业内部控制活动 [J]，当代经济，2013，（15）：18—23。

董卉娜，知识管理与企业内部控制活动［J］，商业研究，2010，（6）：89—93。

朱庆锋，徐中平，王力，基于模糊综合评价法和BP神经网络法的企业控制活动评价及比较分析［J］，管理评论，2013，（8）：113—123。

郑石桥，周永麟，刘华，现代企业内部控制系统［M］，立信会计出版社，2000。

秦江萍，叶佩华，内部控制活动对企业价值的影响研究——基于深市A股主板上市公司的经验证据［J］，会计之友，2012，（10）：56—59。

13. 信息与沟通：理论框架和例证分析

【内容摘要】信息与沟通是以系统方法对内部控制相关信息进行收集、加工和沟通的内部控制要素。信息与沟通是为内部控制其他要素提供信息及其沟通服务的，要根据风险评估、控制环境、控制活动、控制监视这些要素的信息需求及沟通需要来梳理内部控制信息及其沟通需求，在此基础上，建立服务于各内部控制要素且具有全面性、及时性、准确性的信息及沟通系统。内部控制信息的内容分为一般管理及内部控制双重用途信息与内部控制专用信息。内部控制信息沟通方式可以区分为整合信息系统和内部控制专门信息系统两种情形。

一、引言

内部控制要素是内部控制元素中涉及如何控制的构件，包括风险评估、控制环境、控制活动、信息与沟通、内部监视五大要素，本章关注其中的信息与沟通。

内部控制是组织内部建立和实施的风险应对机制，在这个风险应对机制中，信息与沟通是服务于其他要素的，这个要素的状况对其他要素能否有效地营运具有很大的影响，这无疑决定了信息与沟通在内部控制要素中的重要地位。现实世界中的许多风险事件，从根源上来说，都是信息与沟通存在缺陷所导致的。

从研究现状来看，尽管一些研究文献及内部控制的一些权威规范对信息与沟通的概念、作用、内容和方式都有所涉及，但是，总体来说，信息与沟通的相关研究还缺乏深度，概念、作用、内容和方式缺乏贯通，本章拟提出一个将四者贯通的简要的信息与沟通的理论框架。

随后的内容安排如下：首先是一个简要的文献综述，梳理信息与沟通相关文献；在此基础上，阐释信息与沟通的概念、作用、内容和方式，提出一个将信息与沟通的概念、作用、内容和方式贯通的简要的理论框架；然后，用这个理论框架来分析若干例证，以一定程度上验证这个理论框架；最后是结论和启示。

二、文献综述

研究内部控制的文献很多，但专门研究信息与沟通这个内部控制要素的文献不多，涉及的主题主要包括信息与沟通的概念、作用、内容及方式，本文对这些文献做一简要综述。

关于信息与沟通的概念，财政部等联合颁布的《企业内部控制基本规范》指出，信息与沟通是企业及时、准确地收集、传递与内部控制相关的信息，确保信息在企业内部、企业与外部之间进行有效的沟通。郭慧金（2013）认为，信息与沟通是指信息发出者将可解释的信息传达给信息接收者的过程，信息与沟通是一个统一体，二者相辅相成，沟通以信息为基础和载体。金忍冬（2013）认为，信息与沟通实质上就是对信息的一种吸收和传播，将有效的信息吸收到内部控制体系中，然后再通过各种各样的方式传播给企业参与者。宋安丽（2015）认为，信息与沟通相互联系，信息是沟通的基础，而沟通则是信息传递的方法，信息只有通过沟通才能发挥作用。

关于信息与沟通的作用，COSO 报告认为，信息与沟通贯穿于整个控制的全过程，信息与沟通为内部成员获取执行、调整和管控业务营运活动所需要的信息，并有效地将这些信息进行交换。王立勇、张秋生（2003）认为，由于信息不对称，产生了利益冲突，为了减少这种利益冲突，必须强化信息与沟通。朱荣恩（2005）认为，信息与沟通是整个内部控制系统的生命线，为管理层监督各项活动和在必要时采取纠正措施提供了保证。李玉环（2008）认为，信息与沟通为内部控制的其他要素有效发挥作用提供了信息支撑。刘冬云（2012）认为，信息与沟通则是纽带，为内部控制各要素是否切实可行、是否获得预期效果提供明确的诊断，为决策者改善各要素的内部控制提供可靠的信息来源。寇晓宏（2012）认为，信息与沟通贯穿着内部控制的五个要素，使各要素有机结合，从而达到且完成内部控制的各项目标。郭慧金（2013）认为，信息与沟通为内部控制其他构成要素功效的发挥提供信息支持。宋安丽（2015）认为，信息与沟通则是连接其他各要素的桥梁，并为其他要素有效发挥作用提供必要的信息支撑。何君、李粟瑾和任婷（2017）认为，信息与沟通是内部控制的重要要素之一。

关于信息与沟通的内容，财政部等联合颁布的《企业内部控制基本规范》将信息区分为内部信息和外部信息。濮敏（2012）认为，信息应该包括影响内部环境、风险评估、控制活动以及内部监督的各种信息。刘冬云（2012）认为，信息涵盖公司治理、战略投资、生产经营、财务活动和各项相关规章制度遵循性与有效性信息的报告。

关于信息与沟通的方式，李玉环（2008）提出，信息系统可以是手工信息系统，可以是利用信息技术的信息系统，可以是手工和信息技术相合的信息系统，可以是正式的信息系统，可以是非正式的信息系统。濮敏（2012）认为，信息沟通有内部和外部的、主观和客观的，也有正式和非正式的。张广彦（2012）提出，信息与沟通机制包括三个方面：信息收集加工、传递与报告及内外部沟通机制，反舞弊机制及投诉举报人保护制度建设，非正式沟通。王荣娟（2014）提出，信息沟通包括内部沟通和外部沟通，内部沟通包括自下而上的沟通、自上而下的沟通、横向沟通和斜向沟通，外部沟通包括与生产要素市场的沟通、与产品市场的沟通和维护组织形象方面的沟通。宋安丽（2015）提出，信息沟通制度包括信息传递与公开制度、非正式沟通、举报投诉及举报人保护制度。

除了上述主题外，还有一些文献涉及信息与沟通的影响因素，例如，董卉娜（2011）研究知识经济对信息与沟通的影响，韩耀军、张灵，2017）研究信息技术硬件投资、信息技术软件投资、高学历人员和企业总资产对内部控制中信息与沟通的影响。

上述文献综述显示，尽管一些研究文献及内部控制的一些权威规范对信息与沟通的概念、作用、内容和方式都有所涉及，但是，总体来说，信息与沟通这个内部控制要素的相关研究还缺乏深度，概念、作用、内容和方式缺乏贯通，本章拟提出一个将四者贯通的简要的信息与沟通的理论框架。

三、理论框架

本章的目的是为信息与沟通这个内部控制要素提出一个简要的理论框架，为此，需要相互贯通地阐释如下问题：第一，什么是信息与沟通？第二，信息与沟通有什么作用？内部控制信息的内容有哪些？内部控制信息沟通的方式有哪些？

（一）什么是信息与沟通？

本章前面的文献综述表明，内部控制的一些权威规范及研究性文献涉及信息与沟通的概念，这些概念强调了两个方面，一是内部控制相关信息的收集和传递，二是信息与沟通的关系，认为信息与沟通是一个统一体（郭慧金，2013；金忍冬，2013；宋安丽，2015）。这两个方面，无疑抓住了信息与沟通的本质特征。但是，本章认为，内部控制相关信息并不只是收集和传递，应该还有加工，同时，内部控制相关信息的收集、加工和沟通，必须以系统的方式进行，而不是随意或临时的。基于以上认识，本章对作为内部控制要素之一的信息与沟通有如下概念：信息与沟通是以系统方法对内部控制相关信息进行收集、加工和沟通的内部控制要素。

这个概念的核心内涵有三个方面，第一，强调信息与沟通中的信息是与内部控制相关的信息，并不是全部信息，所以，信息与沟通是专门为内部控制服务的信息与沟通，不是一般意义上的信息与沟通；第二，强调对信息进行收集、加工和沟通，对内部控制相关的信息，要同时发挥三种功能，一是收集，二是加工，三是沟通，三者缺一不可，没有收集，当然无从加工和传递；没有加工，收集的信息不能显现其价值；没有沟通，不能让相关人员及时掌握这些内部控制相关信息，信息的收集和加工也就失去意义；第三，强调系统方法，也就是说，内部控制相关信息的收集、加工和沟通都必须有经过策划的、可靠的程序和方法，只有这样，信息与沟通这个要素才能持续可靠地为内部控制其他要素提供信息服务。

（二）信息与沟通有什么作用？

本章前面的文献综述表明，内部控制的一些权威规范及研究性文献涉及信息与沟通的作用，概括起来，有两类观点，一种观点认为，信息与沟通是为实施内部控制的控制主体提供信息及其沟通服务的（王立勇，张秋生，2003；朱荣恩，2005；刘冬云，2012），COSO 报告就是这种观点，本章称之为"主体服务论"；另一种观点认为，信息与沟通是为内部控制其他要素提供信息及其沟通服务的（李玉环，2008；寇晓宏，2012；郭慧金，2013；宋安丽，2015；何君，李粟瑾，任婷，2017），本章称之为"要素服务论"。

主体服务论强调的是为控制主体服务，而要素服务论强调的是为内部控制其他要素服务，而控制主体要实施内部控制，必须通过内部控制要素，所以，从本质上来说，两种观点并无实质性区别，只是视角不同而已。但是，要素服务论的逻辑性更强，因为控制主体最终是要通过内部控制要素来达成其控制目标，所以，本章主张要素服务论，强调以内部控制其他要到信息及其沟通需求为基础来建立和实施信息与沟通体系。具体来说，要根据风险评估、控制环境、控制活动、内部监视这些要素的信息需求和沟通需要来梳理内部控制信息及其沟通需求，在此基础上，建立服务于各内部控制要素且具有全面性、及时性、准确性的信息及沟通系统，为内部控制有效营运提供信息保障。

（三）内部控制信息的内容有哪些

内部控制相关信息究竟包括些什么？根据现有文献，主要有三种观点，一是财政部等联合颁布的《企业内部控制基本规范》按信息来源，将内部控制信息区分为内部信息和外部信息，本章称之为"来源信息论"；二是按不同的内部控制元素来确定信息的内容（濮敏，2012），本章称之为"元素信息论"，这里的内部控制元素除了包括内部控制要素外，还包括内部控制主体、内部控制客体和内部控制目标，三是按风险所在的领域，分别不同的领域确定其信息内容（刘冬云，2012），本章称之为"领域信息论"。上述三种观点从不同的视角强调了内部控制的信息需求，从现实需求来说，需要将三者结合起来，形成立体的内部控制信息组合，其基本情况如表 1 所示（控制监视的信息需求包括内部监视和外部监视的信息需求）。

表1　内部控制信息的内容

项目		A 领域		B 领域		...	
		内部信息	外部信息	内部信息	外部信息	内部信息	外部信息
内部控制要素	风险评估	★	★	★	★	★	★
	控制环境	★	★	★	★	★	★
	控制活动	★	★	★	★	★	★
	控制监视	★	★	★	★	★	★
内部控制主体		★	☆	★	☆	★	☆
内部控制客体		★	☆	★	☆	★	☆
内部控制目标		★	☆	★	☆	★	☆
★表示这种情形的可能性较大，☆表示这种情形的可能性较少							

　　表1所示的各种内部控制信息，在很多情形下，也就是任何一个组织在其一般管理中所需要的信息，也有少量的信息可能与一般管理无关，纯粹是因为内部控制的需要而增加的信息。所以，总体来说，表1所示的内部控制信息的内容可以分成两种：

　　（1）双重用途的信息。任何一个组织管理都有两个不可缺乏的主题，一是提高效率，二是防范风险，一般管理可能有许多主题，但是，提高效率应该是其主要关注的主题，为了提高效率，需要许多的信息，这就产生了为一般管理服务的信息；同样，防范风险也需要信息，这就产生了为风险防范服务的信息。在许多情形下，服务于一般管理和服务于风险防范的信息是相同的，或者说，许多信息，既能服务于一般管理，也能服务于风险防范。这种信息就是双重用途的信息，许多的财务信息和业务信息都属于这种情形。

　　（2）内部控制专用信息。这种信息是指与一般管理无关，专门服务于风险防范的信息，通常情形下，这种信息是为风险防范而增加的信息。例如，为防范腐败行为而专门设置的举报系统所形成的信息、人事信息中增加是否有犯罪前科或其他不良嗜好等信息，都是为了防范风险而增加的信息，这些信息与一般管理无关。

（四）内部控制信息沟通的方式有哪些

内部控制信息沟通的方式就是如何沟通内部控制信息，或者是以何种方式沟通内部控制信息，其实质是建立什么样的内部控制信息系统。本章前面的文献综述表明，信息沟通方式有多种分类方法，一是分为手工信息系统、信息化的信息系统、手工与信息化相结合的信息系统（李玉环，2008）；二是分为正式信息系统和非正式信息系统（李玉环，2008；濮敏，2012；张广彦，2012）；三是分为外部信息系统和内部信息系统（濮敏，2012；王荣娟，2014）；四是分为主观信息系统和客观信息系统（濮敏，2012）；五是分为常规信息系统和反舞弊机制及投诉举报信息系统（张广彦，2012；宋安丽，2015）。

上述这种分类方法都有一定的合理性，但是，本章认为，从可实施的视角出发，内部控制信息沟通的方式必须与内部控制信息的内容相关联，内部控制信息沟通方式一般可以区分为整合信息系统和独立信息系统两种情形，整合信息系统是在为一般管理服务的信息系统中收集、加工和沟通内部控制信息，同时服务于一般管理及内部控制的双重用途的信息显然要采用这种信息系统，而不能脱离本组织已经存在的信息系统而另外建立服务于内部控制的信息系统；对于内部控制专用信息，也需要进行区分，对于那些形成业务营运之中，能否融于服务于一般管理的信息系统之中的内部控制专用信息，也需要在现有的信息系统之中增加这些内部控制专用信息，不必在现有的信息系统之外再建立专门的内部控制信息系统，只有那些无法或不宜融于现有的信息系统之中的内部控制信息才需要建立专门的信息系统——这就产生了内部控制信息沟通的第二种方式——内部控制专门信息系统。

一般来说，任何一个组织的会计信息系统、各种业务信息系统、内部报告系统、文件系统、办公系统、会议系统、电话系统、电视系统、监视系统、邮箱系统都属于同时服务于一般管理及内部控制的信息沟通系统，并且，多数情形下，这些信息系统与业务流程是融合的。

内部控制专门信息系统。这是为那些无法或不宜融合于现有的信息系统之中的内部控制信息专门建立的信息系统，这种信息系统的存在有三个原因，一是保密的需要，这些信息不宜由无关人员知晓；二是保护信息提供者的需要，这类信息的提供者可能受到报复或其他危害，为了保护信息提供者，需要专门的信息系统；三是基于成本效益的考虑，将这种信息融于为一般管理服务的信息系统，可能会形成较高的成本，为了降低成本，干脆将这种信息独立出来。现实生活中，也可能是上述三种原因同时存在。许多单位设立的举报系统是内部控制专门信息系统的典型代表，通过举报信、举报电话、举报电子邮箱、举报信箱等多种方式，收集与舞弊或腐败相关的信息，这个信息系统如果与服务于一般管理的信息系统融合起来，可能会有害于信息保密，也可能会给举报人带来负面影响，也可能会增加举报的难度或成本，正是由于上述这些原因，将举报系统独立出来。

本章以上简要地阐释了信息与沟通的概念、作用、内容及方式，这些内容构成了一个简要的信息与沟通的理论框架。需要说明的，信息与沟通的研究通常还有两个常规性的问题，一是信息技术在内部控制中的应用，二是信息系统本身的风险防范。由于这两个问题与信息与沟通的理论框架关联不很密切，本章不讨论这两个问题。

四、例证分析

本章以上提出了一个关于信息与沟通的理论框架，下面，用上述理论框架分别分析若干例证，以一定程度上验证这个理论框架的解释力。

例证材料：西周时期，褒国人为了赎罪，将一名叫作褒姒的美女献给天子周幽王，然而，褒姒生性不爱笑，幽王为取悦她，命令点燃烽火召集诸侯，诸侯匆忙赶至，却发现只是为取悦褒姒，并非边关真的告急，诸侯们只好狼狈退走。周幽王为博得褒妃一笑，竟数次点燃边关告急用的烽火台，各路诸侯数次被戏而回，懊恼不已。后来，边关真的告急之时，周幽王点燃烽火，诸侯们以为又是幽王为取悦褒姒而点燃烽火，没有赶来救助了！结果，亡了西周。

例证分析：边关告急是一种风险，而点燃烽火是风险信号传递方式，通过烽火，告诉各位诸侯们，边关告急了，请大家尽快来救援，烽火就意味着边关告急。但是，周幽王数次点燃烽火来取悦褒姒，使得烽火的含意发生了变化，有烽火，不一定是边关告急。所以，周幽王事实上是破坏了信息与沟通这个要素，结果是，控制活动（诸侯们的救助）也就无法发挥作用。这个故事印证了信息与沟通这个要素是为其他要素服务的，也印证了其他要素要基于信息与沟通才能有效地发挥作用。

五、结论和启示

内部控制是组织内部建立和实施的风险应对机制，在这个风险应对机制中，信息与沟通是服务于其他要素的，这个要素的状况对其他要素能否有效地营运具有很大的影响，这无疑决定了信息与沟通在内部控制要素中的重要地位。本章在梳理信息与沟通相关文献的基础上，阐释信息与沟通的概念、作用、内容和方式，提出一个将信息与沟通的概念、作用、内容和方式贯通的简要的理论框架。

信息与沟通是以系统方法对内部控制相关信息进行收集、加工和沟通的内部控制要素。信息与沟通是为内部控制其他要素提供信息及其沟通服务的，要根据风险评估、控制环境、控制活动、控制监视这些要素的信息需求及沟通需要来梳理内部控制信息及其沟通需求，在此基础上，建立服务于各内部控制要素且具有全面性、及时性、准确性的信息及沟通系统。内部控制信息的内容分为一般管理及内部控制双重用途信息与内部控制专用信息。内部控制信息沟通方式可以区分为整合信息系统和内部控制专门信息系统两种情形。

本章的研究启发我们，内部控制各要素是一个整体，需要联动，需要协调，就信息与沟通这个要素来说，其作用就是为内部控制其他要素提供信息保障，为此，必须基于各要素的信息及其沟通需求来建立和实施信息与沟通系统，做到本要素与其他要素的协调，如果脱离内部控制其他要素的需求，信息与沟通本身再复杂、再先进，对内部控制整体效率效果也是没有促进作用的。

参考文献

濮敏，企业内部控制的信息与沟通研究［D］，苏州大学硕士学位论文，2012。

郭慧金，基于信息与沟通视角的公立医院全面预算管理研究——以新疆某医院为例［D］，新疆财经大学硕士学位论文，2013。

金忍冬，信息与沟通在企业内部控制中的作用［J］，时代金融，2013，（4）：81—82。

宋安丽，对公立医院内部控制信息与沟通的探讨［J］，财经界，2015，（15）：107—109。

王立勇，张秋生，对企业信息与沟通的研究［J］，技术经济，2003，（11）：37—38。

朱荣恩，内部控制案例［M］，复旦大学出版社，2005：45—55。

李玉环，内部控制中的信息与沟通［J］，会计之友，2008，（12）：9—10。

刘冬云，信息与沟通–企业内部控制的重要环节［J］，港口科技，2012，（3）：38—40。

寇晓宏，浅谈内部控制规范之信息与沟通——会计信息传递环节分析［J］，会计师，2012，（6）：54—55。

何君，李粟瑾，任婷，从"万宝股权之争"看万科信息与沟通缺陷［J］，时代金融，2017，（7）：176。

张广彦，基于内部控制的有效信息沟通机制建设探讨［J］，商业会计，2012，（1）：51—53。

王荣娟，企业内部控制的信息与沟通研究［J］，统计与管理，2014，（10）：132—133。

董卉娜，企业内部控制信息与沟通的新认识：组织学习的视角［J］，华东经济管理，2011，（11）：79—82。

韩耀军，张灵，信息技术投资对企业内部控制中信息与沟通的影响研究基于排序多元 Logit 模型的实证分析［J］，上海管理科学，2017，（8）：56—60。

$14.$ 内部监视：理论框架和例证分析

【内容摘要】内部监视是组织内部采用系统方法对本组织的内部控制建立与实施情况进行检查，评价内部控制的有效性，并推动内部控制持续改进的内部控制要素，属于内部控制鉴证的组成部分。从内部监视目的来说，是保障内部控制各要素及作为一个整体的持续有效。从内部监视内容来说，包括内部控制各要素的设计和执行；从内部监视主体来说，包括自我监视和独立监视；从内部监视方式来说，包括寻找缺陷和评价缺陷等级两个逻辑步骤。

一、引言

内部控制要素是内部控制元素中涉及如何控制的构件，包括风险评估、控制环境、控制活动、信息与沟通、内部监视五大要素，本章关注其中的内部监视。

内部控制是组织内部建立和实施的风险应对机制，在这个风险应对机制中，内部监视是内部控制持续改进的保障机制，这无疑决定了内部监视在内部控制要素中的重要地位。现实世界中，一些组织出现的风险事件，很大程度上是内部控制缺乏持续改进所导致的，而缺乏持续改进的根源则是内部监视未能有效地发挥作用。

从研究现状来看，尽管研究内部控制鉴证（广义）的文献很多，但是，总体来说，对内部监视的研究还缺乏深度，本章拟提出一个关于内部监视的简要理论框架。

随后的内容安排如下：首先是一个简要的文献综述，梳理内部控制鉴证（广义）和内部监视相关文献；在此基础上，提出一个关于内部监视的简要理论框架；然后，用这个理论框架来分析若干例证，以一定程度上验证这个理论框架；最后是结论和启示。

二、文献综述

研究内部控制鉴证、内部控制评估及内部控制审计的文献可谓汗牛充栋，这些文献都与内部监视相关，如果将内部监视、内部控制鉴证、内部控制评估及内部控制审计合称为内部控制鉴证（广义），则这些文献涉及内部控制鉴证（广义）的各基本问题，包括内部控制鉴证需求、内部控制鉴证本质、内部控制鉴证目标、内部控制客体、内部控制鉴证内容、内部控制主体、内部控制鉴证方法、内部控制环境（郑石桥，2017）。限于篇幅，本文的文献综述不包括这些文献。

直接研究内部监视的文献不多，主要是工作性研究文献，研究主题涉及内部监视的重要性、独立性、存在问题及改进建议。多数文献都认为内部监视是内部控制系统有效运行的基础，是对其他内部控制要素的再控制，是内部控制的持续改进机制（徐黎，2008；

洪庆东，2010；黄晨忱，2013；周建海，2013；），为了保障独立性，内部监视应该独立于内部控制建立和实施，实施内部控制监视的部门不应该负责组织内部控制建立和实施（徐黎，2008；杨眉，2015），同时，一些文献指出，内部监视普遍没有得到重视，内部监视有保障内部控制持续改进方面并未发挥应用的作用，因此，需要从思想上重视、制度上保障、方法上创新、人力素质上提升（洪庆东，2010；李宝智，2011；靖雅伟，2012；黄晨忱，2013；高玉荣，2014）。

上述文献综述显示，尽管研究内部控制鉴证（广义）的文献很多，但是，总体来说，对内部监视的研究还缺乏深度，本文直接以内部监视为研究对象，拟提出一个关于内部监视的简要理论框架。

三、理论框架

本文的目的是为内部监视这个内部控制要素提出一个简要的理论框架，为此，需要相互贯通地阐释如下问题：第一，什么是内部监视？第二，内部监视有什么作用？第三，内部监视究竟监视什么？第四，谁来进行内部监视？第五，内部监视究竟怎么监视？

（一）什么是内部监视？

财政部等联合颁布的《企业内部控制控制基本规范》指出，内部监督是企业对内部控制建立与实施情况进行监督检查，评价内部控制的有效性，发现内部控制缺陷，应当及时加以改进。这里的

"内部监督"就是本章的"内部监视"，为了避免将内部控制监视与内部监督中的纪检、监督及内部审计相混淆，本章主张使用"内部监视"而不是"内部监督"。《企业内部控制控制基本规范》对内部监视的界定抓住了内部监视的核心内容，但是，由于企业之外的组织也同样存在内部监视，并且，"评价内部控制的有效性"和"发现内部控制缺陷"是一枚钱币的两面，没有必要同时强调，所以，本章对内部监视提出如下概念：内部监视是组织内部采用系统方法对本组织的内部控制建立与实施情况进行检查，评价内部控制的有效性，并推动内部控制持续改进的内部控制要素。

这个概念的核心内涵有四个方面，第一，强调组织内部对本组织的内部控制建立与实施情况的检查，这区别于由外部机构实施的内部控制审计或检查；第二，强调评价内部控制的有效性，组织内部对本组织的内部控制建立与实施情况进行检查，是问题导向，着眼于寻找内部控制存在的缺陷，并在此基础上评价内部控制的有效性；第三，强调内部控制的持续改进，寻找内部控制缺陷并不是最终目的，最终目的是对缺陷进行整改，以保障内部控制持续改进，并在此基础上，做到持续有效；第四；强调要采用系统方法，即使是本组织对自己的内部控制进行检查，也要策划，并要采用科学有效的方法，而不是随意为之。

（二）内部监视有什么作用？

内部监视有什么作用？内部控制是组织内部建立和实施的风险应对机制，就风险应对来说，由五个要素组成，不同的要素有不同的功能，风险评估的主要功能是寻找风险和搞清楚风险的详细情况，控制环境和控制活动的主要功能是直接抑制风险，某些控制环境还是内部控制其他要素有效营运的基础，信息与沟通的主要功能是为内部控制其他要素提供信息保障。那么，内部监视这个要素的功能是什么呢？答案是，保障内部控制其他要素的持续有效，因为内部控制各要素都可能存在缺陷，而正是这些缺陷的存在，使得内部控制不能有效地营运，很多情形下，只要内部控制的某个要素存在缺陷，则内部控制的其他要素即使健全，可能也难以发挥其作用，因为各个要素要协调一致才能作为一个整体来发挥作用。所以，内部控制作为一个整体要发挥作用，必须各个要素都持续有效，为此，必须有一个保障内部控制各要素持续有效的机制，这个保障机制就是内部监视（当然，也不排除内部控制的外部审计或监管也能发挥一定的保障作用）。如何保障呢？路径是对内部控制进行持续评估，不断地发现内部控制缺陷，并在此基础上，不断地推动对内部控制缺陷的整改，通过上述持续评估和持续改进，做到内部控制各要素持续有效，如此一来，内部控制作为一个整体也就持续有效了。

（三）内部监视究竟监视什么？

内部监视的内容可以从不同的角度来阐释，所以，监视内容形成一个多维体系。

从监视结果的用途来说，内部监视的内容可以区分为持续改进监视和绩效评价监视，持续改进监视的结果用于内部控制的持续改进，因此，这种监视必须具有针对性，要发现内部控制缺陷的具体所在，并针对这种具体缺陷推动整改；绩效评价监视的结果用于内部控制绩效评价, 关注的是内部控制的整体状况, 需要对内部控制各方面进行综合评价, 这种综合评价的结果就是内部控制绩效, 不同单位的内部控制综合评价结果不同, 就表明其内部控制绩效不同。

从监视内容所涵盖的要素来说, 既可以是内部控制各要素的设计和执行, 也可以是内部控制作为一个整体的状况, 基本情况如表1所示。

表 1   内部监视的内容

项目		监视维度	
		制度设计的健全性	制度执行的有效性
内部控制要素	风险评估	★	★
	控制环境	★	★
	控制活动	★	★
	信息与沟通	★	★
	内部监视	★	★
内部控制整体		★	★
★表示有这种监视内容			

表1的内容显示, 内部监视可以针对每个内部控制要素, 这通常是持续改进监视, 也可以针对内部控制整体, 这通常是绩效评价监视。然而, 无论是对各内部控制要素的监视, 还是对内部控制整体的监视, 都需要关注两个维度, 一是制度设计的健全性, 二是制度设计的健全性, 三是制度执行的有效性, 前者注重内部控制制度本身是否存在缺陷, 后者关注建立的内部控制制度是否得到有效的执行, 设计存在缺陷的制度, 执行到位也是有缺陷的, 设计再好的

制度，如果不能有效执行，同样不能达到其拟达到的目标。所以，发现内部控制制度的设计缺陷和执行缺陷同样重要。

（四）谁来进行内部监视？

谁来进行内部监视？这涉及的是内部监视主体。一般来说，为了保障内部控制的持续有效，需要对内部控制进行监视，从监视主体来说，可以区分为外部监视和内部监视，而外部监视和内部监视各自又有多种情形，无论是外部监视还是内部监视，其监视内容可以是内部控制各要素，也可以是内部控制作为一个整体，监视主体和监视内容结合起来的基本情形如表 2 所示。

表 2   内部控制监视主体

项目		监视主体				
		外部监视		内部监视		
				自我监视	独立监视	
		内部控制审计	内部控制监管		定期评价	专项评价
监视内容	风险评估	★	★	★	★	★
	控制环境	★	★	★	★	★
	控制活动	★	★	★	★	★
	信息与沟通	★	★	★	★	★
	内部监视	★	★	★	★	★
	内部控制整体	★	★	★	★	★
★表示有这种情形						

表2的内容显示，外部监视分为两种情形，一是内部控制审计，这通常是外部审计机构（包括民间审计组织和国家审计机关）来实施的；二是内部控制监管，这通常是某些行业主管部门所实施的，例如，证券交易所对上市公司的内部控制监管，金融监管机构对金融企业的风险管理系统的监管，都属于这种情形。

表2的内容显示，内部监视首先区分为自我监视和独立监视，自我监视不同于内部监视，它是内部监视的一种类型，有两种情形，一是内部控制的执行者对其自身执行的内部控制所进行的检查或反省；二是内部控制的设计者对其自身设计的内部控制所进行的检查或反省。自我监视的优点是专业胜任能力强，但是，独立性缺失，可能存在的弊端是，不能如实报告所发现的内部控制设计或执行缺陷。由于自我监视可以在设计或执行内部控制的日常工作中来进行，所以，也称为日常监视。独立监视则是内部控制设计及执行之外的内部机构对其他部门设计及执行的内部控制所进行的监视，由于这种监视的监视者不直接负责内部控制的设计或执行，具有独立性，所以，称为独立监视。独立监视与自我监视不同，虽然二者都是组织内部的机构对内部控制进行的监视，但是，独立监视的实施者不负责内部控制的设计和执行，所以，具有独立性，而自我监视的实施者直接负责内部控制的设计或执行，不具有独立性，所以，不能将独立监视也作为自我监视。当然，独立监视也有其优点和缺点，显著的优点是独立性，显著的缺陷是专业胜任能力可能不如自我监视。

由于独立监视通常由内部的第三者来实施，所以，也称为内部控制评价，由于其评价的动机不同，通常将内部控制评价区分为定期评价和专项评价两种情形。定期评价是基于内部控制持续改进的或绩效评价的目的，对内部控制要素或内部控制整体所进行的评价，通常要形成内部控制评价报告，对用于内部控制绩效评价，并针对发现的内部控制具体缺陷进行整改。一般来说，定期的时限通常是一年，所以，定期评价也就是年度内部控制评价。专项评价是在特殊情形下，对某些特定范围的内部控制进行的评价，这种评价的目的是关注这个特定范围的内部控制的状况。一般来说，通常是某些特定范围的内部控制发生了显著变化或出现了重要的风险事件，因此，有必要在定期评价之外，对这个特定范围的内部控制进行评价。例如，并购了一个单位，内部组织机构发生了重要变化，关键岗位人员发生了重要变化，业务流程由手工改为中信息化等，这些重要变化都预示着相关的内部控制也会发生重要的变化，为此，需要对这个领域的内部控制进行专门的评价。

（五）内部监视究竟怎么监视

从监视方式来说，无论何种主体实施的内部控制监视，都包括寻找缺陷和评价缺陷等级两个逻辑步骤，寻找缺陷也就是识别内部控制设计缺陷和执行缺陷，评价缺陷等级就是对已经识别出来的缺陷进行等级划分，也称为缺陷认定，所以，缺陷识别和缺陷认定也是内部监视的两个逻辑步骤，下面，对这两个步骤做一简要的介绍（郑石桥，2017）。

内部控制缺陷识别首先是通过一定的程序来寻找内部控制偏差。通常采用风险导向的方法，这里的"风险"是指内部控制缺陷风险。美国的PCAOB-AS5、日本《关于财务报告内部控制评价与审计准则以及财务报告控制评价与审计实施准则的制定（意见书）》及我国的内部控制审计准则都选择"从上到下，风险导向"这种风险导向法作为主流方法。对于识别的内部控制偏差，要将其区分为内部控制缺陷和内部控制例外事项。通常，例外事项不能作为内部控制缺陷。

对于已经确认的内部控制缺陷，要对其划分等级，这就是内部控制缺陷认定。美国PCAOB-AS5、日本《关于财务报告内部控制评价与审计准则以及财务报告控制评价与审计实施准则的制定（意见书）》及我国《内部控制评价指引》《内部控制审计指引》都将内部控制缺陷严重程度划分为三个等级：重大缺陷，重要缺陷，一般缺陷。问题的关键是，如何将内部控制缺陷认定为不同等级呢？国内外的相关权威规范都要求评价人员自行确定内部控制缺陷认定的定性标准和定量标准。在此基础上，首先是判断是否属于定性评估范围，如果是，则按定性标准进行认定；如果不适用于定性评估，则按定量标准进行认定。

四、例证分析

本章以上提出了一个关于内部监视的理论框架，下面，用上述理论框架分别分析若干例证，以一定程度上验证这个理论框架的解释力。

例证材料1：郑伟、徐萌萌和戚广武（2014）以沪市上市公司经验证据为基础，发现内部审计质量与控制环境、控制活动和风险评估的显著正相关，同时发现企业内部审计客观性、专业胜任能力以及内部审计部门规模等因素的作用尤为直接和显著，以此为标志衡量内部审计质量越高，有效性就越好。

例证分析：内部审计的主要业务类型是内部控制评价，从某种意义来说，内部审计质量也就决定了内部控制评价的质量，所以，内部审计质量越高，其从事的内部控制评价质量也就越高，而控制评价是内部控制的持续改进机制，所以，内部控制评价的质量越高，内部控制要素的质量也就越高。内部审计客观性、专业胜任能力以及内部审计部门规模这些决定内部审计质量的关键因素，也就成为决定内部控制评价质量的关键因素，进而也就成为内部控制要素质量的关键影响因素。所以，总体来说，本章的理论框架能解释郑伟、徐萌萌和戚广武（2014）的实证结果。

例证资料2：王兵、张丽琴（2015）以中小板市场经验证据为基础，发现内部审计负责人专业能力能显著改进内部控制质量，这表明内部审计负责人专业能力在完善和改进内部控制质量方面发挥了重要的作用。

例证分析：内部审计的主要业务是内部控制评价，所以，内部控制评价的质量影响内部控制的质量，很显然，内部审计负责人专业能力是内部控制评价的重要影响因素，而内部控制评价质量又是影响内部控制质量的关键因素，递推下去，内部审计负责人专业能力对内部控制质量有显著影响。这个结论与本章理论框架相一致。

五、结论和启示

内部控制是组织内部建立和实施的风险应对机制，在这个风险应对机制中，内部监视是内部控制持续改进的保障机制，这无疑决定了内部监视在内部控制要素中的重要地位。本章在梳理内部监视相关文献的基础上，阐释内部监视的概念、作用、内容、主体和方式，提出一个内部监视的简要理论框架。

内部监视是组织内部采用系统方法对本组织的内部控制建立与实施情况进行检查，评价内部控制的有效性，并推动内部控制持续改进的内部控制要素，属于内部控制鉴证的组成部分。从内部监视目的来说，是保障内部控制各要素及作为一个整体的持续有效。从内部监视内容来说，包括内部控制各要素的设计和执行；从内部监视主体来说，包括自我监视和独立监视；从内部监视方式来说，包括寻找缺陷和评价缺陷等级两个逻辑步骤。

本章的研究启示我们，内部监视对内部控制有效营运非常重要，而内部监视一方面要与外部监视相配合，同时，内部监视本身还有多种类型，所以，如何通过制度设计来协调外部监视和内部监视以及不同类型的内部监视，是内部控制建立和实施的重要事项。

参考文献

郑石桥，审计理论研究：审计主题视角［M］，红旗出版社，2017。

徐黎，企业内部控制框架中内部监督体系的架构［J］，财务与金融，2009，（2）：88—91。

洪庆东，内部控制中的内部监督措施［J］，财经界，2010，（24）：357—359。

黄晨忱，行政事业单位内部监督与评价［J］，会计师，2013，（4）：59—60。

周建海，构建"内部监督"完善内部控制制约机制［J］，国际商务财会，2013，（11）：78—81。

杨眉，高校内部控制活动与内部监督措施浅析［J］，财务与会计，2015，（22）：55。

李宝智，运用内部监督持续改进内部控制体系建设［J］，会计师，2011，（5）：72。

靖雅伟，内部监督在供水企业内部控制中的应用［J］，现代经济信息，2012，（15）：84—85。

高玉荣，借鉴COSO监督指南完善行政事业单位的内部监督［J］，中国商论，2014，（5）：177—178。

郑伟，徐萌萌，戚广武，内部审计质量与控制活动有效性研究——基于内部审计与内部控制的耦合关系及沪市上市公司经验证据［J］，审计研究，2014，（6）：100—107。

王兵，张丽琴，内部审计特征与内部控制质量研究［J］，南京审计大学学报，2015，（1）：76—84。

郑石桥，内部控制缺陷识别和认定：概念和逻辑框架［J］，会计之友，2017，（18）：119—124。